PRAVO SLAVLJE TROPSKE KUHINJE

100 divnih jela sa sunčanih obala za vaš stol

DOMAGOJ MLAKAR

Materijal autorskih prava ©2024

Sva prava pridržana

Nijedan dio ove knjige ne smije se koristiti ili prenositi u bilo kojem obliku ili na bilo koji način bez odgovarajućeg pisanog pristanka izdavača i vlasnika autorskih prava, osim kratkih citata korištenih u recenziji. Ovu knjigu ne treba smatrati zamjenom za medicinske, pravne ili druge stručne savjete.

SADRŽAJ

SADRŽAJ **3**
UVOD **6**
TROPSKI DORUČAK **7**
   1. TROPSKI OMLET 8
   2. CHIA PUDING OD ANANASA 10
   3. TROPSKI FRANCUSKI TOST 12
   4. ZLATNI VAFLI S TROPSKIM VOĆEM 14
   5. TROPSKO VOĆE CRÊPE S 17
   6. TROPSKI PUDING OD KOKOSA 19
   7. TROPSKE PALAČINKE 21
   8. ZDJELA ZA TROPSKI JOGURT 23
   9. ZDJELA ZA SMOOTHIE OD TROPSKOG VOĆA 25
   10. MANGO KOKOS PALAČINKE 27
   11. TROPSKA ACAI ZDJELA 29
   12. ZDJELA ZA DORUČAK S KOKOSOM I KVINOJOM S MANGOM 31
   13. PARFE ZA DORUČAK S PAPAJOM I LIMETOM 33
   14. BURRITO ZA TROPSKI DORUČAK 35
   15. BANANA KRUH S KOKOSOM 37
   16. TAKOSI ZA TROPSKI DORUČAK 39
   17. TOST S TROPSKIM AVOKADOM 41
TROPSKI ZAGROZCI **43**
   18. TROPSKA MJEŠAVINA GRICKALICA 44
   19. TROPSKI KOKTEL CEVICHE 46
   20. PROTEINSKI ZALOGAJI TROPSKOG LIMUNA 48
   21. TROPSKA PIZZA OD ORAHA 50
   22. ENERGETSKE KUGLICE OD ANANASA I KOKOSA 52
   23. ĆEVAPI OD TROPSKOG VOĆA 54
   24. KOKICE S LIMETOM I KOKOSOM 56
   25. GUACAMOLE S KOKOS LIMETOM 58
   26. KOKOS ŠKAMPI 60
   27. TROPSKE GRANOLA PLOČICE 62
   28. TROPSKI MANGO SALSA ROLADI 64
   29. RAŽNJIĆI OD ANANASA NA ŽARU 66
   30. ZALOGAJI BANANE S KOKOSOM 68
   31. TROPSKI UMAK OD JOGURTA 70
   32. SALATA OD TROPSKOG VOĆA 72
TROPSKA GLAVA **74**
   33. KREMASTA SALATA OD TROPSKOG VOĆA 75
   34. PILETINA S TROPSKIM ANANASOM 77
   35. KUŠAJTE TROPICS SHRIMP 79

36. Karipska svinjetina na žaru s tropskom salsom 81
37. Rep jastoga s tropskim voćem na žaru 83
38. Tropska salata od crnog graha s mangom 85
39. Zdjela tropske riže 87
40. Ćevapi od tropske svinjetine 89
41. Jamaican Jerk Pork 91
42. Mango curry tofu 93
43. Salata od karipskog crnog graha i kvinoje od manga 95
44. Havajska teriyaki piletina 97
45. Curry od kokosa i limete od račića 99
46. Jamajkanska curry koza 101
47. Riblji tacosi u karipskom stilu 103
48. Glazirani losos od manga 105
49. Karipski curry od povrća 107
50. Trzana piletina sa salsom od manga 110
51. Svinjska rebarca na havajskom roštilju 112
52. Karipski odrezak na žaru sa salsom od ananasa 114

TROPSKI DESERI 116

53. Tropsko voće pavlova 117
54. Tropski margarita sorbet 119
55. Tropski sladoled od kokosa i ananasa 121
56. Tropska sitnica 123
57. Tropski rolani sladoled 125
58. Mousse od tropskog voća 127
59. Šerbet od tropskog voća 129
60. Mango kokos chia sladoled 131
61. Panna cotta od manga i kokosa 133
62. Piña Colada kolačići 135
63. Pjena od marakuje 137
64. Mango ljepljiva riža 139
65. Kolač od sira od guave 141
66. Torta od ananasa naopako 144
67. Kokos makaroni 147
68. Sladoled od ananasa i kokosa 149
69. Puding od kokosove riže 151
70. Tart od manga i kokosa 153
71. Sorbet od papaje i limete 156
72. Puding od kokosa i banane 158
73. Ananas kokos crumble 160

TROPSKA PIĆA 162

74. Tropska voda 163
75. Tropski raj 165
76. Tropski ledeni čaj 167

77. Začinjeni tropski zeleni smoothie 169
78. Smoothie od tropske mandarine 171
79. Smoothie od tropske kvinoje 173
80. Tropicala 175
81. Pina Colada 177
82. Daiquiri od jagoda 179
83. Tropska Margarita 181
84. Plavi havajski mocktail 183
85. Mango Mojito Mocktail 185
86. Limeta od kokosa 187
87. Tropska sangrija 189
88. Hladnjak za lubenicu i limetu 191
89. Mango zeleni čaj 193
90. Tropski punč 195
91. Ledeni čaj od hibiskusa 197
92. Tropska ledena kava 199

TROPSKI ZAČINI **201**
93. Salsa od ananasa i papaje 202
94. Salsa od manga 204
95. Chutney od kokosa i cilantra 206
96. Tamarind Chutney 208
97. Maslac od marakuje 210
98. Preljev za sjemenke papaje 212
99. Guava BBQ umak 214
100. Mango Habanero umak 216

ZAKLJUČAK **218**

UVOD

Prepustite svoja osjetila kulinarskom putovanju koje nadilazi granice i prenosi vas na suncem okupane obale tropskih krajeva uz "Pravo slavlje tropske kuhinje". Ova kuharica raskošna je proslava živih i raznolikih okusa koji karakteriziraju tropsku kuhinju - kaleidoskop okusa koji plešu na nepcu i evociraju radosni duh sunčanih destinacija. Sa 100 pomno odabranih recepata, ova zbirka vaša je putovnica za uživanje u izobilju egzotičnog voća, aromatičnih začina i bogate kulinarske tradicije koja definira tropsku gastronomiju.

Zatvorite oči i zamislite krajolik ukrašen plažama s palmama, azurnim morem i živopisnim tržnicama prepunim tropskih užitaka. Sada otvorite ovu kuharicu i neka vam ona bude vodič za pretvaranje vaše kuhinje u tropski raj. "Pravo slavlje tropske kuhinje" više je od kulinarskog putovanja; to je istraživanje živopisne tapiserije koju tkaju kulinarske tradicije Kariba, pacifičkih otoka i jugoistočne Azije.

Od prvog gutljaja osvježavajućeg koktela na bazi kokosa do posljednjeg zalogaja raskošnog deserta od tropskog voća, svaki recept je dokaz radosti, svečanosti i bogatstva koji definiraju tropsku kuhinju. Bilo da ste domaćin živahnog okupljanja na plaži, pripremate gozbu za najmilije ili jednostavno želite svoje dnevne obroke prožeti duhom otoka, ovi su recepti osmišljeni kako bi tropsko slavlje prenijeli na vaš stol.

Pridružite nam se dok zaranjamo u raskošni svijet tropskih sastojaka, živopisnih začina i umjetnosti slavlja kroz divna jela. Smješten u pozadini azurnog neba i pješčanih obala, "Pravo slavlje tropske kuhinje" poziva vas da se upustite u kulinarsku eskapadu koja hvata bit sunčanih obala i uzdiže vaše svakodnevne obroke do svečanih slavlja.

Dakle, postavite svoj stol bojama koje podsjećaju na tirkizno more i tropsku floru, prikupite svoje sastojke i neka slavlje počne dok zaranjamo u tropska kulinarska čuda koja čekaju na stranicama ove kuharice. Pripremite se za uživanje u radosti, okusima i vrhunskom slavlju tropske kuhinje!

TROPSKI DORUČAK

1. Tropski omlet

SASTOJCI:
- 3 jaja
- 2 žlice kokosovog mlijeka
- ¼ šalice ananasa narezanog na kockice
- ¼ šalice paprike narezane na kockice
- ¼ šalice crvenog luka nasjeckanog na kockice
- ¼ šalice nasjeckanog sira (cheddar ili mozzarella)
- 1 žlica nasjeckanog svježeg cilantra
- Posolite i popaprite po ukusu
- Maslac ili ulje za kuhanje

UPUTE:
a)   U zdjeli umutite jaja, kokosovo mlijeko, sol i papar.
b)   Zagrijte tavu koja se ne lijepi na srednje jakoj vatri i dodajte malo maslaca ili ulja da premažete površinu.
c)   Ulijte smjesu jaja u tavu i pustite da kuha minutu dok se rubovi ne počnu stvrdnjavati.
d)   Polovicom omleta pospite ananas narezan na kockice, papriku, crveni luk, naribani sir i nasjeckani cilantro.
e)   Drugim dijelom omleta lopaticom preklopiti nadjev.
f)   Kuhajte još minutu ili dok se sir ne rastopi i omlet ne bude kuhan.
g)   Omlet stavite na tanjur i poslužite vruć.
h)   Uživajte u tropskim okusima ukusnog omleta!

2. Chia puding od ananasa

SASTOJCI:
- 1 (13,5 unci) konzerva kokosovog mlijeka
- 1 šalica 2% običnog grčkog jogurta
- ½ šalice chia sjemenki
- 2 žlice meda
- 2 žlice šećera
- 1 žličica ekstrakta vanilije
- Prstohvat košer soli
- 1 šalica manga narezanog na kockice
- 1 šalica ananasa narezanog na kockice
- 2 žlice naribanog kokosa

UPUTE:
a) U velikoj zdjeli pomiješajte kokosovo mlijeko, jogurt, chia sjemenke, med, šećer, vaniliju i sol dok se dobro ne sjedine.
b) Ravnomjerno podijelite smjesu u četiri staklenke (16 unci).
c) Pokrijte i ostavite u hladnjaku preko noći, ili do 5 dana.
d) Poslužite hladno, preliveno mangom i ananasom, te posuto kokosom.

3.Tropski francuski tost

SASTOJCI:
- 4 kriške kruha
- 2 jaja
- ½ šalice kokosovog mlijeka
- 1 žličica ekstrakta vanilije
- 1 žlica meda ili javorovog sirupa
- Prstohvat soli
- Narezane banane i mango za preljev
- Javorov sirup ili med za prelijevanje

UPUTE:
a) U plitkoj posudi umutite jaja, kokosovo mlijeko, ekstrakt vanilije, med ili javorov sirup i sol.
b) Svaku krišku kruha umočite u smjesu od jaja, pustite da se natopi nekoliko sekundi sa svake strane.
c) Zagrijte neprijanjajuću tavu ili rešetku na srednje jakoj vatri i lagano premažite maslacem ili uljem.
d) Natopljene kriške kruha pecite u tavi dok ne porumene s obje strane.
e) Prebacite francuski tost na tanjure za posluživanje.
f) Na vrh stavite narezane banane i mango.
g) Prelijte javorovim sirupom ili medom.
h) Uživajte u tropskom štihu klasičnog francuskog tosta!

4.Zlatni vafli s tropskim voćem

SASTOJCI:
MASLAC OD DATULJA
- 1 štapić neslanog maslaca, sobne temperature
- 1 šalica krupno nasjeckanih datulja bez koštica

VAFLI
- 1 ½ šalice višenamjenskog brašna
- 1 šalica krupno mljevenog griz brašna
- ¼ šalice granuliranog šećera
- 2 ½ žličice praška za pecivo
- ½ žličice sode bikarbone
- ¾ žličice krupne soli
- 1 ¾ šalice punomasnog mlijeka, sobne temperature
- ⅓ šalice kiselog vrhnja, sobne temperature
- 1 štapić neslanog maslaca, otopljenog
- 2 velika jaja, sobne temperature
- 1 žličica čistog ekstrakta vanilije
- Sprej za kuhanje biljnog ulja
- Narezani kivi i citrusno voće, nasjeckani pistacije i čisti javorov sirup, za posluživanje

UPUTE:
MASLAC OD DATULJA:
a) Maslac i datulje izmiksajte u procesoru hrane, nekoliko puta stružući po bočnim stranama dok ne postane glatko i sjedinjeno. Maslac od datulja može se napraviti do tjedan dana unaprijed i čuvati u hladnjaku; dovesti do sobne temperature prije upotrebe.

VAFLI:
b) Pomiješajte brašno, šećer, prašak za pecivo, sodu bikarbonu i sol u velikoj zdjeli. U posebnoj posudi umutiti mlijeko, pavlaku, puter, jaja i vaniliju.

c) Mliječnu smjesu umiješajte u smjesu brašna samo da se sjedini.

d) Zagrijte kalup za vafle. Premazati tankim slojem spreja za kuhanje. Ulijte 1 ¼ šalice tijesta po vaflu u sredinu glačala, dopustite da se raširi gotovo do rubova.

e) Zatvorite poklopac i kuhajte dok ne porumeni i postane hrskavo, 6 do 7 minuta.

f) Izvadite iz glačala i nekoliko puta brzo protresite između ruku kako biste oslobodili paru i zadržali hrskavost, zatim prebacite na rešetku postavljenu u lim za pečenje s rubom; držite na toplom u pećnici na 225 stupnjeva do posluživanja.

g) Ponovite premazivanje glačala s još spreja za kuhanje između serija.

Poslužite uz maslac od datulja, voće, pistacije i sirup.

5. Tropsko voće Crêpe s

SASTOJCI:
- 4 unce glatkog brašna, prosijanog
- 1 prstohvat soli
- 1 žličica šećera u prahu
- 1 jaje, plus jedan žumanjak
- ½ litre mlijeka
- 2 žlice otopljenog maslaca
- 4 unce šećera
- 2 žlice rakije ili ruma
- 2½ šalice mješavine tropskog voća

UPUTE:
a) Da biste napravili tijesto za Crêpe, stavite brašno, sol i šećer u prahu u zdjelu i promiješajte.
b) Postupno umiješajte jaja, mlijeko i maslac. Ostavite da odstoji najmanje 2 sata.
c) Zagrijte malo podmazanu tavu, promiješajte tijesto i upotrijebite ga za izradu 8 palačinki. Držite na toplom.
d) Da biste napravili nadjev, stavite mješavinu tropskog voća u lonac sa šećerom i lagano zagrijte dok se šećer ne otopi.
e) Zakuhajte i zagrijavajte dok se šećer ne karamelizira. Dodajte rakiju.
f) Napunite svaku palačinku voćem i odmah poslužite s vrhnjem ili creme fraicheom.

6.Tropski puding od kokosa

SASTOJCI:
- ¾ šalice staromodne zobi bez glutena
- ½ šalice nezaslađenog naribanog kokosa
- 2 šalice vode
- 1¼ šalice kokosovog mlijeka
- ½ žličice mljevenog cimeta
- 1 banana, narezana na ploške

UPUTE:
a) U zdjeli pomiješajte zob, kokos i vodu. Pokrijte i ohladite preko noći.
b) Premjestite smjesu u manji lonac.
c) Dodajte mlijeko, cimet i kuhajte oko 12 minuta na srednjoj vatri.
d) Maknite s vatre i ostavite stajati 5 minuta.
e) Podijelite u 2 zdjele i na vrh stavite kriške banane.

7. Tropske palačinke

SASTOJCI:
- 1¾ šalice starinske valjane zobi
- 1½ žličice praška za pecivo
- 1 žličica sode bikarbone
- ½ žličice cimeta
- ¼ žličice soli
- 1 zrela srednja banana, zgnječena
- 2 žlice kokosovog ulja, otopljenog
- 1 žlica javorovog sirupa
- 1 veliko jaje
- 1 žličica ekstrakta vanilije
- ¾ šalice 2% mlijeka s niskim udjelom masnoće
- ½ šalice konzerviranog punomasnog kokosovog mlijeka
- ½ šalice sitno narezanog ananasa
- ½ šalice sitno narezanog manga

UPUTE:
a) Dodajte sve sastojke, osim ananasa i manga, u blender.
b) Miksajte smjesu u blenderu dok ne dobijete glatku tekućinu.
c) Tijesto za palačinke ulijte u veliku zdjelu.
d) Umiješajte ananas i mango.
e) Ostavite tijesto da odstoji 5 do 10 minuta. To omogućuje da se svi sastojci sjedine i daje tijestu bolju konzistenciju.
f) Neprianjajuću tavu ili rešetku obilno poprskajte biljnim uljem i zagrijte na srednje niskoj temperaturi.
g) Kad se tava zagrije, dodajte tijesto pomoću mjerne posude od ¼ šalice i ulijte tijesto u tavu da napravite palačinku. Pomoću mjerne posude oblikujte palačinku.
h) Pecite dok se stranice ne stvrdnu i dok se u sredini ne stvore mjehurići (oko 2 do 3 minute), zatim okrenite palačinku.
i) Kad je palačinka s te strane pečena, maknite je s vatre i stavite je na tanjur.

8.Zdjela za tropski jogurt

SASTOJCI:
- Kockice ananasa, narezane na kriške
- Kivi, narezan
- Kriške manga
- ½ šalice grčkog jogurta
- Kokosov čips
- nasjeckani lješnjaci

UPUTE:
a) U zdjelu uspite grčki jogurt i prelijte voćem i drugim dodacima.

9.Zdjela za smoothie od tropskog voća

SASTOJCI:
- 1 zrela banana
- 1 šalica smrznutih komadića manga
- 1 šalica smrznutih komadića ananasa
- ½ šalice kokosovog mlijeka
- Dodaci: narezani kivi, nasjeckani kokos, granola, chia sjemenke

UPUTE:

a) U blenderu pomiješajte bananu, komade manga, komade ananasa i kokosovo mlijeko.

b) Miješajte dok ne postane glatko i kremasto.

c) Ulijte smoothie u posudu.

d) Povrh stavite narezan kivi, nasjeckani kokos, granolu i chia sjemenke.

e) Uživajte u svojoj osvježavajućoj zdjeli smoothieja od tropskog voća!

10.Mango kokos palačinke

SASTOJCI:
- 1 šalica višenamjenskog brašna
- 1 žlica šećera
- 1 žličica praška za pecivo
- ½ žličice sode bikarbone
- ¼ žličice soli
- 1 šalica kokosovog mlijeka
- ½ šalice pirea od manga
- 1 jaje
- 2 žlice otopljenog maslaca
- Narezani mango za preljev

UPUTE:
a) U zdjeli pomiješajte brašno, šećer, prašak za pecivo, sodu bikarbonu i sol.
b) U drugoj zdjeli pomiješajte kokosovo mlijeko, pire od manga, jaje i otopljeni maslac.
c) Ulijte mokre sastojke u suhe sastojke i miješajte dok se ne sjedine.
d) Zagrijte neprijanjajuću tavu ili rešetku na srednje jakoj vatri i lagano premažite maslacem ili uljem.
e) Ulijte ¼ šalice tijesta na tavu za svaku palačinku.
f) Pecite dok se na površini ne stvore mjehurići, zatim okrenite i pecite drugu stranu dok ne porumeni.
g) Mango kokos palačinke poslužite s narezanim mangom na vrhu.
h) Uživajte u tropskim okusima ovih pahuljastih palačinki!

11.Tropska Acai zdjela

SASTOJCI:
- 2 pakiranja smrznutog acaia
- 1 zrela banana
- ½ šalice smrznutog miješanog bobičastog voća
- ½ šalice kokosove vode ili bademovog mlijeka
- Dodaci: narezana banana, kivi, bobičasto voće, granola, ljuskice kokosa

UPUTE:

a) U blenderu pomiješajte smrznute acai pakete, zrelu bananu, smrznuto miješano bobičasto voće i kokosovu vodu ili bademovo mlijeko dok ne postane glatko i gusto.

b) Ulijte acai smjesu u zdjelu.

c) Na vrh stavite narezanu bananu, kivi, bobičasto voće, granolu i kokosove pahuljice.

d) Na acai smjesu rasporedite nadjev po želji.

e) Poslužite odmah i uživajte u osvježavajućoj i hranjivoj tropskoj acai zdjelici!

12. Zdjela za doručak s kokosom i kvinojom s mangom

SASTOJCI:
- ½ šalice kuhane kvinoje
- ¼ šalice kokosovog mlijeka
- 1 zreli mango, narezan na kockice
- 2 žlice naribanog kokosa
- 1 žlica meda ili javorovog sirupa
- Dodaci po želji: rezani bademi, chia sjemenke

UPUTE:

a) U zdjeli pomiješajte kuhanu kvinoju, kokosovo mlijeko, mango narezan na kockice, nasjeckani kokos i med ili javorov sirup.

b) Dobro promiješajte da se svi sastojci sjedine.

c) Po želji dodajte dodatne dodatke poput narezanih badema i chia sjemenki.

d) Uživajte u tropskim okusima ove hranjive zdjele za doručak od kokosa i manga kvinoje!

13.Parfe za doručak s papajom i limetom

SASTOJCI:
- 1 zrela papaja, narezana na kockice
- Sok od 1 limete
- 1 šalica grčkog jogurta
- ¼ šalice granole
- 2 žlice meda ili javorovog sirupa
- Listići svježe mente za ukrašavanje

UPUTE:

a) U zdjeli pomiješajte papaju narezanu na kockice i sok limete. Lagano promiješajte da se papaja prekrije sokom limete.

b) U čaše ili zdjelice za posluživanje stavite slojeve mješavine papaje, grčkog jogurta i granole.

c) Po vrhu pokapajte med ili javorov sirup.

d) Ukrasite listićima svježe mente.

e) Uživajte u osvježavajućem i pikantnom parfeu za doručak od papaje i limete!

14. Burrito za tropski doručak

SASTOJCI:
- 2 velike tortilje
- 4 jaja, umućena
- ½ šalice ananasa narezanog na kockice
- ½ šalice paprike narezane na kockice
- ¼ šalice crvenog luka nasjeckanog na kockice
- ¼ šalice nasjeckanog sira (cheddar ili mozzarella)
- Svježi cilantro za ukras
- Posolite i popaprite po ukusu
- Salsa ili ljuti umak za posluživanje (po želji)

UPUTE:
a) U serpici skuhajte kajganu do kraja. Posolite i popaprite.
b) Zagrijte tortilje u zasebnoj tavi ili mikrovalnoj pećnici.
c) Između tortilja rasporedite umućena jaja, ananas narezan na kockice, papriku narezanu na kockice, crveni luk narezan na kockice i naribani sir.
d) Presavijte tortilje sa strane i zarolajte ih u burrito.
e) Po želji: burritose lagano prepecite u tavi da postanu hrskavi.
f) Ukrasite svježim cilantrom.
g) Po želji poslužite uz šalšu ili ljuti umak.
h) Uživajte u tropskom štihu klasičnog burrita za doručak!

15. Banana kruh s kokosom

SASTOJCI:
- 2 zrele banane, zgnječene
- ½ šalice kokosovog mlijeka
- ¼ šalice otopljenog kokosovog ulja
- ¼ šalice meda ili javorovog sirupa
- 1 žličica ekstrakta vanilije
- 1 ¾ šalice višenamjenskog brašna
- 1 žličica praška za pecivo
- ½ žličice sode bikarbone
- ¼ žličice soli
- ¼ šalice naribanog kokosa
- Po želji: ½ šalice nasjeckanih tropskih orašastih plodova

UPUTE:
a) Zagrijte pećnicu na 350°F (175°C) i namastite kalup za kruh.
b) U velikoj zdjeli pomiješajte zgnječene banane, kokosovo mlijeko, rastopljeno kokosovo ulje, med ili javorov sirup i ekstrakt vanilije. Dobro promiješajte.
c) U posebnoj zdjeli pomiješajte brašno, prašak za pecivo, sodu bikarbonu i sol.
d) Postupno dodajte suhe sastojke mokrim sastojcima, miješajući dok se ne sjedine.
e) Umiješajte nasjeckani kokos i nasjeckane orahe (ako ih koristite).
f) Ulijte tijesto u pripremljeni kalup za kruh i ravnomjerno ga rasporedite.
g) Pecite 45-55 minuta ili dok čačkalica zabodena u sredinu ne izađe čista.
h) Izvadite iz pećnice i ostavite kokos banana kruh da se ohladi u tavi nekoliko minuta.
i) Premjestite kruh na rešetku da se potpuno ohladi.
j) Narežite i poslužite ukusni tropski kokos i banana kruh.

16.Takosi za tropski doručak

SASTOJCI:
- 4 male kukuruzne tortilje
- 4 jaja, umućena
- ½ šalice ananasa narezanog na kockice
- ¼ šalice crvene paprike narezane na kockice
- ¼ šalice crvenog luka nasjeckanog na kockice
- ¼ šalice nasjeckanog svježeg cilantra
- Sok od 1 limete
- Posolite i popaprite po ukusu
- Dodaci po želji: narezani avokado, salsa, ljuti umak

UPUTE:

a) U zdjeli pomiješajte ananas narezan na kockice, crvenu papriku, crveni luk, cilantro, sok limete, sol i papar. Dobro promiješajte.

b) Zagrijte kukuruzne tortilje u tavi ili mikrovalnoj pećnici.

c) Napunite svaku tortilju kajganom i prelijte salsom od tropskog ananasa.

d) Dodajte preljeve po izboru poput narezanog avokada, salse ili ljutog umaka.

e) Poslužite ukusne tacose za tropski doručak.

17. Tost s tropskim avokadom

SASTOJCI:
- 2 kriške kruha od cjelovitog zrna, prepečenog
- 1 zreli avokado, oguljen i bez koštice
- Sok od ½ limete
- ¼ šalice ananasa narezanog na kockice
- ¼ šalice manga narezanog na kockice
- 1 žlica nasjeckanog svježeg cilantra
- Posolite i popaprite po ukusu
- Dodaci po želji: narezane rotkvice, mikrozelenje ili feta sir

UPUTE:
a) U posudi vilicom zgnječite zreli avokado.
b) Dodajte sok limete, ananas narezan na kockice, mango narezan na kockice, nasjeckani cilantro, sol i papar.
c) Dobro promiješajte dok se svi sastojci ne sjedine.
d) Smjesu avokada ravnomjerno rasporedite po prepečenim kriškama kruha.
e) Po želji prelijte dodatnim dodacima, poput narezanih rotkvica, mikrozelenja ili mrvljenog feta sira.
f) Tost s tropskim avokadom poslužite kao ukusan i zasitan međuobrok ili lagani obrok.
g) Uživajte u kremastom avokadu u kombinaciji sa slatkim i pikantnim tropskim voćem!

TROPSKI ZAGROZCI

18. Tropska mješavina grickalica

SASTOJCI:
- 6 šalica pečenih kokica
- 1 šalica sušenog ananasa
- 1 šalica prženih oraha makadamije
- 1 šalica čipsa od banane
- ½ šalice prženih pahuljica kokosa

UPUTE
a) U velikoj zdjeli pomiješajte sve sastojke dok se dobro ne sjedine.
b) Poslužite odmah ili pohranite u hermetički zatvorenu posudu.

19. Tropski koktel ceviche

SASTOJCI:
- ¾ funte Snapper
- 1 funta Jakobove kapice; raščetvorio
- 1 manji crveni luk; prepolovljena, tanko narezana
- ¼ šalice cilantra; krupno nasjeckan
- 2 šalice manga; na kockice
- 1½ šalice ananasa; na kockice
- Marinada
- 1 šalica soka od limete; svježe cijeđeni
- 1 žlica korice limete; naribana
- 1 šalica rižinog octa
- ¼ šalice šećera
- 1½ žličice pahuljica crvene paprike; okusiti
- 1½ čajna žličica soli
- 2 žličice sjemena korijandera; zgnječen

UPUTE:

a) Pomiješajte sastojke za marinadu u velikoj staklenoj ili nehrđajućoj posudi za miješanje. Umutiti i ostaviti sa strane.

b) Ribu i jakobove kapice isperite hladnom vodom i osušite papirnatim ručnicima. Dodajte jakobove kapice u marinadu i ohladite. Ribu narežite na komade od ½" i dodajte u marinadu s lukom.

c) Lagano promiješajte, pokrijte i ostavite u hladnjaku najmanje 4 sata prije posluživanja.

d) Povremeno promiješajte kako bi marinada ravnomjerno prodrla u plodove mora. Ceviche se može pripremiti do ove točke do 2 dana unaprijed. Oko 30 minuta prije posluživanja umiješajte cilantro i voće i vratite jelo u hladnjak do posluživanja.

e) Poslužite u malim ohlađenim zdjelicama ili tanjurima ili, za svečaniji izgled, u čašama za piće ili čašama za koktele.

20. Proteinski zalogaji tropskog limuna

SASTOJCI:
- 1¾ šalice indijskih oraščića
- ¼ šalice kokosovog brašna
- ¼ šalice nezaslađenog naribanog kokosa
- 3 žlice sirovog oljuštenog sjemena konoplje
- 3 žlice javorovog sirupa
- 3 žlice svježeg soka od limuna

UPUTE:
a) Indijske oraščiće stavite u procesor hrane i obradite dok ne postanu fini.
b) Dodajte ostale sastojke i obradite dok se dobro ne sjedine.
c) Istresite smjesu u veliku zdjelu.
d) Uzmite grumen tijesta i istisnite ga u kuglu.
e) Nastavite stiskati i raditi nekoliko puta dok se lopta ne formira i postane čvrsta.

21.Tropska pizza od oraha

SASTOJCI:
- 1 gotova kora za pizzu
- 1 žlica maslinovog ulja
- Posuda od 13,5 unci krem sira s voćnim okusom
- Staklenka od 26 unci kriški manga, ocijeđenih i nasjeckanih
- ½ C. nasjeckani orasi

UPUTE:
a) Pecite koru za pizzu u pećnici prema uputama na pakiranju.
b) Koru ravnomjerno premazati uljem.
c) Rasporedite krem sir preko kore i na vrh stavite nasjeckani mango i orahe.
d) Rezati na ploške po želji i poslužiti.

22. Energetske kuglice od ananasa i kokosa

SASTOJCI:
- 1 šalica datulja bez koštica
- 1 šalica sušenog ananasa
- ½ šalice naribanog kokosa
- ¼ šalice bademovog brašna ili mljevenih badema
- ¼ šalice chia sjemenki
- 1 žlica kokosovog ulja, otopljenog
- 1 žličica ekstrakta vanilije

UPUTE:
a) U sjeckalici izmiksajte datulje i sušeni ananas dok ne dobijete ljepljivu pastu.
b) Dodajte nasjeckani kokos, bademovo brašno, chia sjemenke, otopljeno kokosovo ulje i ekstrakt vanilije u multipraktik.
c) Miješajte dok se svi sastojci dobro ne sjedine i dobiju konzistenciju poput tijesta.
d) Smjesu razvaljajte u male loptice.
e) Po želji: kuglice uvaljajte u dodatno naribani kokos za premazivanje.
f) Stavite energetske kuglice u hermetički zatvorenu posudu i ostavite u hladnjaku najmanje 30 minuta prije posluživanja.
g) Uživajte u ovim ukusnim i energizirajućim energetskim kuglicama od ananasa i kokosa!

23. Ćevapi od tropskog voća

SASTOJCI:
- Razno tropsko voće (ananas, mango, kivi, banana, papaja itd.), narezano na komade veličine zalogaja
- Drveni ražnjići

UPUTE:
a) Nataknite raznoliko tropsko voće na drvene ražnjiće u uzorku koji želite.
b) Ponovite s preostalim voćem i ražnjićima.
c) Ćevape od tropskog voća poslužite takve kakve jesu ili s prilogom od jogurta ili meda za umakanje.
d) Uživajte u ovim šarenim i hranjivim voćnim ražnjićima!

24. Kokice s limetom i kokosom

SASTOJCI:
- ½ šalice zrna kokica
- 2 žlice kokosovog ulja
- Korica i sok 1 limete
- 2 žlice naribanog kokosa
- Posolite po ukusu

UPUTE:
a) Zagrijte kokosovo ulje u velikom loncu na srednje jakoj vatri.
b) Dodajte zrna kokica i pokrijte lonac poklopcem.
c) Povremeno protresite lonac da ne zagori.
d) Nakon što se pucanje uspori, maknite lonac s vatre i ostavite da odstoji minutu kako biste bili sigurni da su sva zrna iskočila.
e) U maloj posudi pomiješajte koricu limete, sok limete, nasjeckani kokos i sol.
f) Pokapajte smjesu limete i kokosa preko svježe napuknutih kokica i promiješajte da se ravnomjerno prekriju.
g) Uživajte u pikantnim i tropskim kokicama s limetom i kokosom kao laganom i ukusnom međuobroku!

25. Guacamole s kokos limetom

SASTOJCI:
- 2 zrela avokada
- Sok od 1 limete
- Korica 1 limete
- 2 žlice nasjeckanog svježeg cilantra
- 2 žlice crvenog luka nasjeckanog na kockice
- 2 žlice naribanog kokosa
- Posolite i popaprite po ukusu

UPUTE:
a) U zdjeli vilicom zgnječite zreli avokado dok ne postane kremast.
b) Dodajte sok limete, koricu limete, nasjeckani cilantro, crveni luk narezan na kockice, nasjeckani kokos, sol i papar.
c) Dobro izmiješajte da se svi sastojci sjedine.
d) Kušajte i začinite po želji.
e) Guacamole s kokos i limetom poslužite s tortilja čipsom ili ga koristite kao ukusan preljev za tacose, sendviče ili salate.
f) Uživajte u kremastim i pikantnim okusima ovog tropskog okusa guacamolea!

26.kokos škampi

SASTOJCI:
- 1 funta škampa, oguljenih i očišćenih
- ½ šalice višenamjenskog brašna
- ½ šalice naribanog kokosa
- 2 jaja, istučena
- Posolite i popaprite po ukusu
- Ulje za prženje

UPUTE:
a) U plitkoj zdjeli pomiješajte višenamjensko brašno, nasjeckani kokos, sol i papar.
b) Svaku kozicu umočite u umućena jaja, pustite da višak ocijedi, a zatim ih premažite smjesom od kokosa.
c) Zagrijte ulje za kuhanje u dubokoj tavi ili loncu na srednje jakoj vatri.
d) Pržite škampe obložene kokosom u serijama dok ne porumene i postanu hrskavi, oko 2-3 minute po strani.
e) Škampe izvadite iz ulja i ocijedite na papirnatim ručnicima.
f) Poslužite kokosove škampe kao ukusno tropsko predjelo ili međuobrok s umakom po izboru, poput slatkog umaka od čilija ili salse od manga.
g) Uživajte u hrskavim i aromatičnim kokosovim škampima!

27. Tropske granola pločice

SASTOJCI:
- 1 ½ šalice valjane zobi
- ½ šalice naribanog kokosa
- ¼ šalice nasjeckanog sušenog ananasa
- ¼ šalice nasjeckanog sušenog manga
- ¼ šalice nasjeckane sušene papaje
- ¼ šalice nasjeckanih orašastih plodova (npr. bademi, indijski oraščići, makadamija)
- ¼ šalice meda ili javorovog sirupa
- ¼ šalice maslaca od orašastih plodova (npr. maslaca od badema, maslaca od kikirikija)
- 1 žličica ekstrakta vanilije
- Prstohvat soli

UPUTE:
a) Zagrijte pećnicu na 350°F (175°C) i obložite posudu za pečenje papirom za pečenje.
b) U velikoj zdjeli pomiješajte zobene zobi, nasjeckani kokos, nasjeckani sušeni ananas, nasjeckani sušeni mango, nasjeckanu sušenu papaju i nasjeckane orahe.
c) U malom loncu zagrijte med ili javorov sirup, maslac od oraha, ekstrakt vanilije i sol na laganoj vatri dok se ne otope i dobro sjedine.
d) Prelijte mješavinu meda ili javorovog sirupa preko suhih sastojaka i miješajte dok sve ne bude ravnomjerno obloženo.
e) Prebacite smjesu u pripremljenu posudu za pečenje i čvrsto je pritisnite.
f) Pecite 15-20 minuta ili dok rubovi ne porumene.
g) Izvadite iz pećnice i ostavite da se potpuno ohladi u posudi.
h) Kad se ohladi, režite na štanglice ili kvadrate.
i) Čuvajte tropske granole u hermetički zatvorenoj posudi za grickanje u pokretu.
j) Uživajte u ovim domaćim i hranjivim granola pločicama prepunim tropskih okusa!

28.Tropski mango salsa roladi

SASTOJCI:
- 4 velike tortilje od brašna
- 1 šalica krem sira
- 1 šalica salse od manga
- ½ šalice nasjeckanih listova zelene salate ili špinata

UPUTE:
a) Položite tortilje od brašna na čistu površinu.
b) Preko svake tortilje ravnomjerno rasporedite sloj krem sira.
c) Žlicom stavite salsu od manga na sloj krem sira, rasporedite ga tako da prekrije tortilju.
d) Na vrh salse pospite narezane listove zelene salate ili špinata.
e) Svaku tortilju čvrsto smotajte, počevši od jednog kraja.
f) Svaku smotanu tortilju narežite na kolutiće veličine zalogaja.
g) Poslužite salsu od tropskog manga kao ukusan i osvježavajući međuobrok ili predjelo.
h) Uživajte u kombinaciji kremastih, pikantnih i tropskih okusa!

29. Ražnjići od ananasa na žaru

SASTOJCI:
- 1 ananas, oguljen, izvadite košticu i narežite na komade
- 2 žlice meda ili javorovog sirupa
- 1 žličica mljevenog cimeta
- Drveni ražnjići, namočeni u vodi 30 minuta

UPUTE:
a) Zagrijte roštilj ili gril tavu na srednje jakoj vatri.
b) U maloj posudi pomiješajte med ili javorov sirup i mljeveni cimet.
c) Nataknite komade ananasa na drvene ražnjiće.
d) Premažite ananas s medom ili mješavinom javorovog sirupa, premazujući sve strane.
e) Ražnjiće ananasa stavite na prethodno zagrijani roštilj i pecite oko 2-3 minute sa svake strane ili dok se ne pojave tragovi roštilja i ananas lagano ne karamelizira.
f) Skinite s roštilja i ostavite ih nekoliko minuta da se ohlade.
g) Ražnjiće od ananasa na žaru poslužite kao slatki i tropski međuobrok ili desert.
h) Uživajte u dimljenom i karameliziranom okusu ananasa na žaru!

30. Zalogaji banane s kokosom

SASTOJCI:
- 2 banane, oguljene i narezane na komade veličine zalogaja
- ¼ šalice otopljene tamne čokolade
- ¼ šalice naribanog kokosa

UPUTE:
a) Lim za pečenje obložite papirom za pečenje.
b) Svaki komadić banane umočite u otopljenu tamnu čokoladu, premažite otprilike do pola.
c) Banane obložene čokoladom uvaljajte u nasjeckani kokos dok ne budu ravnomjerno obložene.
d) Stavite obložene komade banane na pripremljeni lim za pečenje.
e) Ponovite s preostalim komadima banane.
f) Stavite u hladnjak na najmanje 30 minuta ili dok se čokolada ne stvrdne.
g) Poslužite zalogaje kokos banane kao divan tropski međuobrok ili desert.
h) Uživajte u kombinaciji kremaste banane, bogate čokolade i kokosa!

31. Tropski umak od jogurta

SASTOJCI:
- 1 šalica grčkog jogurta
- ½ šalice ananasa narezanog na kockice
- ½ šalice manga narezanog na kockice
- ¼ šalice nasjeckane crvene paprike
- ¼ šalice nasjeckanog crvenog luka
- ¼ šalice nasjeckanog svježeg cilantra
- 1 žlica soka od limete
- ½ žličice češnjaka u prahu
- Posolite i popaprite po ukusu

UPUTE:
a) U zdjeli pomiješajte grčki jogurt, ananas narezan na kockice, mango narezan na kockice, nasjeckanu crvenu papriku, nasjeckani crveni luk, nasjeckani cilantro, sok limete, češnjak u prahu, sol i papar.
b) Dobro izmiješajte dok se svi sastojci dobro ne sjedine.
c) Kušajte i po potrebi prilagodite začine.
d) Poslužite tropski umak s tortilja čipsom, pita kruhom ili štapićima od povrća.
e) Uživajte u ovom kremastom i aromatičnom umaku s tropskim prizvukom!

32. Salata od tropskog voća

SASTOJCI:
- 2 šalice ananasa narezanog na kockice
- 1 šalica manga narezanog na kockice
- 1 šalica papaje narezane na kockice
- 1 šalica narezanog kivija
- 1 šalica narezanih jagoda
- 1 žlica svježeg soka od limete
- 1 žlica meda ili javorovog sirupa
- Dodaci po želji: naribani kokos ili nasjeckana svježa menta

UPUTE:
a) U velikoj zdjeli pomiješajte ananas narezan na kockice, mango narezan na kockice, papaju narezanu na kockice, kivi narezan na ploške i narezane jagode.
b) U maloj posudi pomiješajte sok limete i med ili javorov sirup.
c) Pokapajte preljev od limete preko voćne salate i lagano promiješajte.
d) Po želji: po vrhu pospite naribani kokos ili nasjeckanu svježu metvicu za dodatni okus i ukras.
e) Salatu od tropskog voća poslužite ohlađenu kao osvježavajući i zdravi međuobrok.
f) Uživajte u živahnim i sočnim okusima ove tropske mješavine!
g) Ovih 20 recepata za tropske grickalice trebali bi vam pružiti niz ukusnih i aromatičnih opcija za uživanje. Tražite li nešto slatko, slano, kremasto ili hrskavo, ovi će recepti zasigurno zadovoljiti vašu tropsku želju. Uživati!

TROPSKA GLAVA

33. Kremasta salata od tropskog voća

SASTOJCI:
- Limenka od 15,25 unci salate od tropskog voća, ocijeđena
- 1 banana, narezana na ploške
- 1 šalica smrznutog tučenog preljeva, odmrznutog

UPUTE:
a) U srednjoj zdjeli pomiješajte sve sastojke.
b) Lagano promiješajte da se prekrije.

34. Piletina s tropskim ananasom

SASTOJCI:
- 1 paprika babura
- 1 manji crveni luk
- 1 lb (450 g) fileta pilećih prsa bez kostiju i kože
- 2 šalice graška šećera
- 1 limenka (14 oz/398 ml) komadića ananasa u soku
- 2 žlice otopljenog kokosovog ulja
- 1 pakiranje začina za piletinu od tropskog ananasa
- svježi sok od limete

UPUTE :
a) Prethodno zagrijte pećnicu na 425°F. Postrojte pleh s limom.
b) Narežite papriku i luk. U velikoj zdjeli pomiješajte papriku, luk, piletinu, grašak, komade ananasa (uključujući sok), kokosovo ulje i začine. Bacajte dok se dobro ne prekrije.
c) Složite u jednom sloju na tepsiju što bolje možete. Pecite 16 minuta ili dok piletina ne bude pečena.
d) Po želji završite s malo svježe limete.

35.Kušajte Tropics Shrimp

SASTOJCI:
- 1 limeta, prerezana na pola
- 1 pakiranje začina za piletinu od tropskog ananasa
- 1 žlica otopljenog kokosovog ulja
- 1 žlica meda
- 2 paprike narezane na kockice
- 1 mala tikvica, narezana na kolutiće od ½ inča
- 2 šalice smrznutih komadića manga
- 1 lb smrznutih sirovih, oguljenih škampa, odmrznutih

UPUTE :

a) Prethodno zagrijte pećnicu na 425°F. Postrojte pleh s limom.
b) Pomoću 2-u-1 preše za citruse iscijedite sok iz limete u veliku zdjelu.
c) Dodajte začine, ulje i med. Promiješajte da se sjedini.
d) Stavite paprike, tikvice i mango u tavu.
e) Prelijte pola umaka na vrh.
f) Pomoću hvataljki bacite na kaput.
g) Stavite u pećnicu i pecite 10 min.
h) U međuvremenu dodajte škampe u zdjelu s preostalim umakom; baciti na kaput.
i) Izvadite posudu iz pećnice; dodajte škampe u jednom sloju najbolje što možete.
j) Pecite 3-4 minute, ili dok škampi ne budu kuhani.

36. Karipska svinjetina na žaru s tropskom salsom

SASTOJCI:
SALSA:
- 1 mali ananas, oguljen, očišćen od koštice i narezan na kockice
- 1 srednja naranča, oguljena i narezana na kockice
- 2 žlice svježeg cilantra, mljevenog
- Ocijedite sok od pola svježe limete

SVINJETINA:
- ½ žlice smeđeg šećera
- 2 žličice mljevenog češnjaka
- 2 žličice mljevenog đumbira
- 2 žličice mljevenog kima
- 2 žličice mljevenog korijandera
- ½ žličice kurkume
- 2 žlice uljane repice
- 6 lungića

UPUTE:

a) Napravite salsu kombiniranjem ananasa, naranče, cilantra i soka od limete u zdjeli. Staviti na stranu. Može se pripremiti do 2 dana unaprijed i ohladiti.

b) U maloj posudi pomiješajte mješavinu smeđeg šećera, češnjak, đumbir, kumin, korijander i kurkumu.

c) Premažite obje strane svinjskih kotleta uljem kanole i utrljajte obje strane.

d) Zagrijte roštilj na srednje jako. Stavite svinjske kotlete na roštilj oko 5 minuta po svakoj strani ili dok se ne ispeku na unutarnju temperaturu od 160 °F.

e) Svaki kotlet poslužite uz ⅓ šalice salse.

37.Rep jastoga s tropskim voćem na žaru

SASTOJCI:
- 4 bambusova ili metalna ražnja
- ¾ zlatnog ananasa, oguljenog, očišćenog od koštice i narezanog na kriške od 1 inča
- 2 banane, oguljene i poprečno izrezane na osam komada od 1 inča
- 1 mango, oguljen, bez koštica i narezan na kockice od 1 inča
- 4 repa kamenog jastoga ili velikog Maine jastoga
- ¾ šalice slatke glazure od soje
- 1 šalica maslaca, otopljenog
- 4 kriške limete

UPUTE:
a) Ako pečete na roštilju s bambusovim ražnjićima, potopite ih u vodu najmanje 30 minuta. Zapalite roštilj za izravnu umjerenu toplinu, oko 350¼F.
b) Naizmjenično nabodite komadiće ananasa, banane i manga na ražnjiće, koristeći otprilike 2 komada svakog voća po ražnju.
c) Repove jastoga oblikujte leptirom tako da svaki rep rascijepite po dužini kroz zaobljenu gornju školjku i meso, ostavljajući ravnu donju školjku netaknutom. Ako je ljuska jako tvrda, kuhinjskim škarama prerežite zaobljenu ljusku i nožem prerežite meso.
d) Lagano otvorite rep kako biste otkrili meso.
e) Glazurom od soje lagano premažite voćne ražnjiće i meso jastoga. Rešetku roštilja premažite četkom i premažite uljem. Stavite repove jastoga, mesom prema dolje, izravno na vatru i pecite ih dok se lijepo ne ocrtaju, 3 do 4 minute. Spatulom ili hvataljkama utisnite repove na rešetku roštilja kako biste lakše zapekli meso. Okrenite i pecite na roštilju dok meso ne postane čvrsto i bijelo, podlijevajući glazurom od soje, još 5 do 7 minuta.
f) U međuvremenu pecite voćne ražnjiće uz jastoga dok ne dobiju lijepe oznake, oko 3 do 4 minute po strani.
g) Poslužite s otopljenim maslacem i kriškama limete za cijeđenje.

38.Tropska salata od crnog graha s mangom

SASTOJCI:
- 3 šalice kuhanog crnog graha, ocijeđenog i ispranog
- ½ šalice nasjeckane crvene paprike
- ¼ šalice mljevenog crvenog luka
- ¼ šalice mljevenog svježeg cilantra
- 1 jalapeño, očišćen od sjemenki i mljeveni (po želji)
- 3 žlice ulja od sjemenki grožđa
- 2 žlice svježeg soka od limete
- 2 žličice nektara agave
- ¼ žličice soli
- ⅛ žličice mljevenog kajenskog paprikaša

UPUTE:

a) U velikoj zdjeli pomiješajte grah, mango, papriku, luk, cilantro i jalapeño ako koristite i ostavite sa strane.

b) U maloj zdjeli pomiješajte ulje, sok limete, nektar agave, sol i cayenne. Preljev prelijte na salatu i dobro promiješajte.

c) Ohladite 20 minuta i poslužite.

39.Zdjela tropske riže

SASTOJCI:
ZDJELA
- 1 slatki krumpir, oguljen i nasjeckan na komade veličine zalogaja
- 1 žlica ekstra djevičanskog maslinovog ulja
- 2 šalice riže od jasmina, kuhane
- 1 ananas, oguljen, očišćen od koštice i nasjeckan na komade veličine zalogaja
- ¼ šalice indijskih oraščića
- 4 žlice sirovog oljuštenog sjemena konoplje

SLATKO-KISELI UMAK
- 1 žlica kukuruznog škroba
- ½ šalice nasjeckanog ananasa
- ¼ šalice rižinog octa
- ⅓ šalice svijetlosmeđeg šećera
- 3 žlice kečapa
- 2 žličice soja umaka

UPUTE:
SLATKI KRUMPIR
a) Zagrijte pećnicu na 425ºF.
b) Prelijte batat uljem. Stavite na lim za pečenje i pecite 30 minuta.
c) Izvadite iz pećnice i ostavite da se ohladi.

SLATKO-KISELI UMAK
d) Pomiješajte kukuruzni škrob i 1 žlicu vode u maloj posudi. Staviti na stranu.
e) Dodajte ananas i ¼ šalice vode u blender. Miksajte dok smjesa ne postane što glatka.
f) Dodajte mješavinu ananasa, rižin ocat, smeđi šećer, kečap i sojin umak u srednju tavu.
g) Zakuhajte na srednje jakoj vatri.
h) Umiješajte smjesu kukuruznog škroba i kuhajte dok se ne zgusne, otprilike minutu. Maknite s vatre i ostavite sa strane dok sastavljate zdjelice.

SKUPŠTINA
i) Na dno svake posude stavite rižu. Dodajte redove ananasa, indijskih oraščića, sjemenki konoplje i batata.
j) Prelijte slatko-kiselim umakom.

40.Ćevapi od tropske svinjetine

SASTOJCI:

- 8 drvenih ili metalnih ražnjića
- 2 funte svinjskog lungića, izrezanog na komade od 1 inča
- 2 velike crvene paprike, izvadite im jezgru, očistite ih i narežite na 8 komada
- 1 zelena paprika, očišćena i izrezana na 8 komada
- ½ svježeg ananasa, izrezati na 4 segmenta, a zatim na kriške
- ½ šalice meda
- ½ šalice soka od limete
- 2 žličice ribane kore limete
- 3 češnja češnjaka, mljevena
- ¼ šalice žute gorušice
- 1 žličica soli
- ¼ žličice crnog papra

UPUTE:

a) Ako koristite drvene ražnjiće, potopite ih u vodu 15 do 20 minuta.
b) Na svaki ražnjić naizmjenično nabodite komade svinjetine, 2 komada crvene paprike, 1 komad zelene paprike i 2 kriška ananasa.
c) U posudu za pečenje 9" x 13" pomiješajte med, sok limete, naribanu koricu limete, češnjak, žutu gorušicu, sol i crni papar; dobro promiješajte. Stavite ćevape u posudu za pečenje i okrenite ih da se preliju marinadom. Pokrijte i ostavite u hladnjaku najmanje 4 sata ili preko noći, povremeno rotirajući .
d) Zagrijte roštilj na umjereno -jaku temperaturu. Podlijte ćevape marinadom; bacite višak marinade.
e) Pecite ražnjiće na roštilju 7 do 9 minuta ili sve dok svinjetina više ne bude ružičasta, često ih okrećući da se ispeku sa svih strana.

41. Jamaican Jerk Pork

SASTOJCI:
- 2 kilograma svinjskog filea, narezanog na kockice ili trakice
- 3 žlice jamajčanskog jerk začina
- 2 žlice biljnog ulja
- 2 žlice soka od limete
- 2 žlice soja umaka
- 2 žlice smeđeg šećera
- 2 češnja češnjaka, mljevena
- 1 žličica naribanog đumbira
- Posolite i popaprite po ukusu

UPUTE:
a) U zdjeli pomiješajte jamajčanski začin za jerk, biljno ulje, sok od limete, sojin umak, smeđi šećer, mljeveni češnjak, naribani đumbir, sol i papar.

b) Dodajte kockice ili trakice svinjskog filea u zdjelu i pomiješajte da se ravnomjerno prekriju marinadom.

c) Pokrijte zdjelu i ostavite u hladnjaku najmanje 1 sat ili preko noći za intenzivniji okus.

d) Zagrijte roštilj ili grill tavu na srednje jakoj vatri.

e) Izvadite svinjetinu iz marinade, otresite sav višak.

f) Pecite svinjetinu na roštilju oko 4-6 minuta sa svake strane ili dok se ne skuha i lijepo zapeče.

g) Podlijte svinjetinu preostalom marinadom tijekom pečenja.

h) Kad je pečena, prebacite svinjetinu na tanjur za posluživanje i ostavite da odstoji nekoliko minuta.

i) Poslužite Jamaican jerk pork kao pikantno i aromatično tropsko glavno jelo.

j) Uživajte u dimljenim i aromatičnim okusima začina za jerk!

42. Mango curry tofu

SASTOJCI:
- 1 blok (14 oz) čvrstog tofua, ocijeđen i narezan na kockice
- 1 žlica biljnog ulja
- 1 luk, narezan na ploške
- 2 češnja češnjaka, mljevena
- 1 žlica curry praha
- 1 žličica mljevenog kima
- ½ žličice mljevene kurkume
- ½ žličice mljevenog korijandera
- ¼ žličice kajenskog papra (po želji)
- 1 limenka (14 oz) kokosovog mlijeka
- 1 zreli mango, oguljen, bez koštica i narezan na kockice
- 1 žlica soka od limete
- Posolite po ukusu
- Nasjeckani svježi cilantro za ukras
- Kuhana riža ili naan kruh za posluživanje

UPUTE:

a) Zagrijte biljno ulje u velikoj tavi ili woku na srednje jakoj vatri.

b) Dodajte narezani luk i nasjeckani češnjak te pirjajte 2-3 minute dok ne omekšaju i ne zamirišu.

c) Dodajte curry prah, mljeveni kumin, mljevenu kurkumu, mljeveni korijander i kajenski papar. Dobro promiješajte da se luk i češnjak prekriju začinima.

d) Dodajte tofu narezan na kockice u tavu i kuhajte 3-4 minute dok malo ne porumeni.

e) Ulijte kokosovo mlijeko i zakuhajte.

f) U tavu dodajte mango narezan na kockice i sok od limete te posolite po ukusu.

g) Pirjajte 5-6 minuta dok se tofu ne zagrije i dok se okusi ne stope.

h) Ukrasite nasjeckanim svježim cilantrom.

i) Poslužite mango curry tofu preko kuhane riže ili s naan kruhom za zadovoljavajuće tropsko glavno jelo.

j) Uživajte u kremastom i aromatičnom curryju od manga s nježnim tofuom i mirisnim začinima!

43. Salata od karipskog crnog graha i kvinoje od manga

SASTOJCI:
- 1 šalica kuhane kvinoje, ohlađene
- 1 limenka (15 oz) crnog graha, ispranog i ocijeđenog
- 1 zreli mango, oguljen, bez koštica i narezan na kockice
- 1 crvena paprika, narezana na kockice
- ¼ šalice nasjeckanog crvenog luka
- ¼ šalice nasjeckanog svježeg cilantra
- Sok od 1 limete
- 2 žlice maslinovog ulja
- 1 žličica mljevenog kima
- Posolite i popaprite po ukusu

UPUTE:
a) U velikoj zdjeli pomiješajte kuhanu kvinoju, crni grah, mango narezan na kockice, crvenu papriku narezanu na kockice, nasjeckani crveni luk i nasjeckani svježi cilantro.
b) U maloj posudi pomiješajte sok limete, maslinovo ulje, mljeveni kumin, sol i papar.
c) Prelijte preljev preko smjese kvinoje i promiješajte da se dobro sjedini.
d) Po potrebi prilagodite začine.
e) Pokrijte zdjelu i ostavite u hladnjaku najmanje 30 minuta kako bi se okusi sjedinili.
f) Prije posluživanja salatu lagano promiješajte kako bi se svi sastojci dobro sjedinili.
g) Salatu od karipskog crnog graha i kvinoje od manga poslužite kao osvježavajuće i hranjivo tropsko glavno jelo.
h) Uživajte u kombinaciji proteinima bogatog crnog graha, sočnog manga i mirisnog cilantra u svakom zalogaju!

44.Havajska teriyaki piletina

SASTOJCI:
- 4 pileća batka bez kože i kostiju
- ¼ šalice soja umaka
- ¼ šalice soka od ananasa
- 2 žlice meda
- 2 žlice rižinog octa
- 1 žlica sezamovog ulja
- 2 češnja češnjaka, mljevena
- 1 žličica naribanog đumbira
- Kriške ananasa za ukras
- Nasjeckani zeleni luk za ukras

UPUTE:
a) U zdjeli pomiješajte sojin umak, sok od ananasa, med, rižin ocat, sezamovo ulje, mljeveni češnjak i naribani đumbir.
b) Pileće batake stavite u plitku posudu i prelijte ih marinadom. Provjerite je li piletina ravnomjerno premazana.
c) Pokrijte posudu i ostavite u hladnjaku najmanje 1 sat, ili preko noći za intenzivniji okus.
d) Zagrijte roštilj ili grill tavu na srednje jakoj vatri.
e) Izvadite pileće batake iz marinade, otresite sav višak.
f) Pecite piletinu na roštilju oko 5-6 minuta sa svake strane ili dok se ne skuha i lijepo zapeče.
g) Preostalom marinadom premažite piletinu tijekom pečenja.
h) Kad je pečena, prebacite piletinu na tanjur za posluživanje i ostavite da odstoji nekoliko minuta.
i) Ukrasite kriškama ananasa i nasjeckanim mladim lukom.
j) Poslužite havajsku teriyaki piletinu kao glavno jelo nadahnuto tropskim jelima.
k) Uživajte u nježnoj i aromatičnoj piletini sa slatkom i ljutom teriyaki glazurom!

45. Curry od kokosa i limete od račića

SASTOJCI:
- 1 funta škampa, oguljenih i očišćenih
- 1 limenka (13,5 oz) kokosovog mlijeka
- Sok i korica 2 limete
- 2 žlice tajlandske zelene curry paste
- 1 žlica ribljeg umaka
- 1 žlica smeđeg šećera
- 1 crvena paprika, narezana na ploške
- 1 tikvica, narezana na ploške
- 1 šalica graška
- 1 žlica biljnog ulja
- Svježi cilantro za ukras
- Kuhana riža za posluživanje

UPUTE:
a) Zagrijte biljno ulje u velikoj tavi ili woku na srednje jakoj vatri.
b) Dodajte tajlandsku pastu od zelenog curryja u tavu i kuhajte 1 minutu dok ne zamiriše.
c) Ulijte kokosovo mlijeko i dobro promiješajte da se poveže s curry pastom.
d) Dodajte riblji umak, smeđi šećer, sok limete i koricu limete. Miješajte dok se ne otopi.
e) U tavu dodajte narezanu crvenu papriku, tikvice i grašak. Promiješajte da se povrće prekrije curry umakom.
f) Pirjajte 5-6 minuta dok povrće ne omekša.
g) Dodajte škampe u tavu i kuhajte još 3-4 minute dok škampi ne postanu ružičasti i kuhani.
h) Maknite s vatre i ukrasite svježim cilantrom.
i) Poslužite curry od škampa s kokosom i limetom preko kuhane riže za ukusan i aromatičan tropski obrok.
j) Uživajte u kremastom curry umaku od kokosa sa sočnim škampima i hrskavim povrćem!

46. Jamajkanska curry koza

SASTOJCI:
- 2 kilograma kozjeg mesa izrezati na kockice
- 2 žlice jamajčanskog curryja
- 1 glavica luka nasjeckana
- 3 češnja češnjaka, nasjeckana
- 1 škotska paprika, očišćena od sjemenki i mljevena
- 1 žlica biljnog ulja
- 2 šalice kokosovog mlijeka
- 2 šalice vode
- 2 grančice svježeg timijana
- Posolite i popaprite po ukusu
- Kuhana riža ili roti za posluživanje

UPUTE:
a) U zdjeli začinite kozje meso jamajčanskim curryjem, solju i paprom. Promiješajte da se meso ravnomjerno obloži.
b) Zagrijte biljno ulje u velikom loncu ili pećnici na srednje jakoj vatri.
c) U lonac dodajte začinjenu kozletinu i zapecite je sa svih strana. Izvadite meso iz lonca i ostavite ga sa strane.
d) U isti lonac dodajte nasjeckani luk, nasjeckani češnjak i mljevenu škotsku papriku (ako je koristite). Pirjajte 2-3 minute dok luk ne postane proziran i zamiriši.
e) Zapřženu kozletinu vratite u lonac i promiješajte da se sjedini s lukom i češnjakom.
f) Ulijte kokosovo mlijeko i vodu. Dobro promiješajte da se tekućina sjedini.
g) Dodajte svježe grančice timijana u lonac i zakuhajte smjesu.
h) Smanjite vatru na nisku, pokrijte lonac i ostavite da se krčka oko 2-3 sata, ili dok kozletina ne postane mekana i ukusna. Povremeno promiješajte da se ne zalijepe.
i) Začinite solju i paprom po ukusu.
j) Poslužite jamajčansku kozju curry preko kuhane riže ili s rotijem za autentično i izdašno tropsko glavno jelo.
k) Uživajte u bogatim i aromatičnim okusima kozjeg mesa prožetog curryjem!

47. Riblji tacosi u karipskom stilu

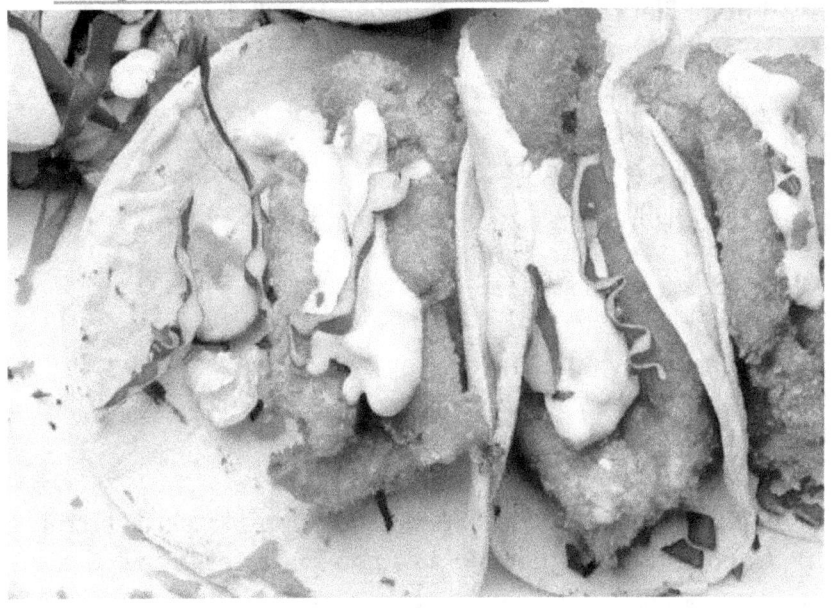

SASTOJCI:
- 1 funta fileta bijele ribe (poput bakalara ili tilapije)
- ¼ šalice višenamjenskog brašna
- 1 žlica karipskog začina za jerk
- ½ žličice soli
- ¼ žličice crnog papra
- 2 žlice biljnog ulja
- 8 malih tortilja
- Narezana zelena salata
- Narezani avokado
- Nasjeckani svježi cilantro
- Kriške limete za posluživanje

UPUTE:
a) U plitkoj posudi pomiješajte brašno, karipski začin, sol i crni papar.
b) Udubite riblje filete u mješavinu brašna, otresite sav višak.
c) Zagrijte biljno ulje u velikoj tavi na srednje jakoj vatri.
d) Dodajte obložene riblje filete u tavu i pecite oko 3-4 minute sa svake strane ili dok riba ne bude pečena i zlatno smeđa.
e) Izvadite ribu iz tave i ostavite je da odstoji nekoliko minuta.
f) Zagrijte tortilje u suhoj tavi ili mikrovalnoj.
g) Kuhanu ribu narežite na listiće i rasporedite po tortiljama.
h) Ribu pospite narezanom zelenom salatom, narezanim avokadom i nasjeckanim svježim cilantrom.
i) Preko preljeva iscijedite svježi sok od limete.
j) Poslužite riblje tacose u karipskom stilu kao tropsko i aromatično glavno jelo.
k) Uživajte u hrskavoj i začinjenoj ribi sa svježim i živahnim dodacima!

48. Glazirani losos od manga

SASTOJCI:
- 4 fileta lososa
- 1 zreli mango, oguljen, bez koštica i pasiran
- 2 žlice soja umaka
- 2 žlice meda
- 2 žlice soka od limete
- 2 češnja češnjaka, mljevena
- 1 žličica naribanog đumbira
- Posolite i popaprite po ukusu
- Nasjeckani svježi cilantro za ukras

UPUTE:

a) Zagrijte pećnicu na 375°F (190°C).

b) U zdjeli pomiješajte pire od manga, soja umak, med, sok limete, mljeveni češnjak, naribani đumbir, sol i papar.

c) Filete lososa stavite u posudu za pečenje i prelijte ih glazurom od manga. Provjerite je li losos ravnomjerno obložen.

d) Pecite u prethodno zagrijanoj pećnici oko 12-15 minuta, ili dok se losos ne skuha i lako se raskine vilicom.

e) Premažite losos jednom ili dva puta glazurom tijekom pečenja.

f) Nakon što je pečen, izvadite losos iz pećnice i ostavite ga nekoliko minuta.

g) Ukrasite nasjeckanim svježim cilantrom.

h) Poslužite losos s glazurom od manga kao tropsko i aromatično glavno jelo.

i) Uživajte u sočnom i slatkom lososu s ljutom i voćnom glazurom od manga!

49. Karipski curry od povrća

SASTOJCI:
- 1 žlica biljnog ulja
- 1 glavica luka nasjeckana
- 2 češnja češnjaka, mljevena
- 1 crvena paprika, narezana na kockice
- 1 žuta paprika, narezana na kockice
- 1 tikvica, narezana na kockice
- 1 slatki krumpir, oguljen i narezan na kockice
- 1 šalica cvjetova cvjetače
- 1 limenka (14 oz) kokosovog mlijeka
- 2 žlice karipskog curryja
- 1 žličica mljevenog kima
- 1 žličica mljevenog korijandera
- ¼ žličice kajenskog papra (po želji)
- Posolite i popaprite po ukusu
- Nasjeckani svježi cilantro za ukras
- Kuhana riža ili roti za posluživanje

UPUTE:
a) Zagrijte biljno ulje u velikoj tavi ili loncu na srednje jakoj vatri.
b) Dodajte nasjeckani luk i nasjeckani češnjak te pirjajte 2-3 minute dok ne omekšaju i ne zamirišu.
c) U tavu dodajte crvenu i žutu papriku narezanu na kockice, tikvicu narezanu na kockice, batat narezan na kockice i cvjetiće cvjetače. Promiješajte da se povrće prekrije uljem.
d) Kuhajte 5-6 minuta dok povrće ne počne omekšavati.
e) U maloj posudi pomiješajte karipski curry u prahu, mljeveni kumin, mljeveni korijander, kajenski papar, sol i papar.
f) Pospite mješavinu začina po povrću u tavi i dobro promiješajte da se prekrije.
g) Ulijte kokosovo mlijeko i promiješajte da se sjedini sa začinima i povrćem.
h) Zakuhajte smjesu i pokrijte tavu. Pustite da kuha oko 15-20 minuta, ili dok povrće ne omekša i dok se okusi ne stope.
i) Po potrebi prilagodite začine.
j) Ukrasite nasjeckanim svježim cilantrom.
k) Poslužite karipski curry od povrća preko kuhane riže ili uz roti za izdašno i aromatično tropsko glavno jelo.
l) Uživajte u živahnim i aromatičnim okusima povrća prožetog curryjem!

50. Trzana piletina sa salsom od manga

SASTOJCI:
- 4 pileća prsa bez kože i kostiju
- 2 žlice jamajčanskog jerk začina
- 2 žlice biljnog ulja
- Posolite i popaprite po ukusu

SALSA OD MANGA:
- 1 zreli mango, oguljen, bez koštica i narezan na kockice
- ½ crvenog luka, sitno nasjeckanog
- ½ crvene paprike, sitno nasjeckane
- ½ jalapeno papričice, sjemenke i rebra uklonjene, sitno nasjeckane
- Sok od 1 limete
- 2 žlice nasjeckanog svježeg cilantra
- Posolite po ukusu

UPUTE:
a) Zagrijte roštilj ili grill tavu na srednje jaku temperaturu.
b) Natrljajte pileća prsa jamajčanskim začinima, biljnim uljem, soli i paprom.
c) Pecite piletinu na roštilju oko 6-8 minuta sa svake strane ili dok se ne skuha i lijepo zapeče. Unutarnja temperatura trebala bi doseći 165°F (74°C).
d) Skinite piletinu s roštilja i ostavite je da odstoji nekoliko minuta.
e) U međuvremenu pripremite salsu od manga tako što ćete u zdjeli pomiješati mango narezan na kockice, sitno nasjeckani crveni luk, sitno nasjeckanu crvenu papriku, sitno nasjeckanu jalapeno papričicu, sok limete, nasjeckani svježi cilantro i sol. Dobro izmiješajte da se sjedini.
f) Narežite jerk piletinu na žaru i poslužite je s velikom žlicom salse od manga na vrhu.
g) Poslužite jerk piletinu sa salsom od manga kao tropsko i začinjeno glavno jelo.
h) Uživajte u odvažnom i aromatičnom jerk začinu u kombinaciji s osvježavajućom i voćnom salsom od manga!

51. Svinjska rebarca na havajskom roštilju

SASTOJCI:
- 2 rešetke svinjskih rebara
- 1 šalica soka od ananasa
- ½ šalice kečapa
- ¼ šalice soja umaka
- ¼ šalice smeđeg šećera
- 2 žlice rižinog octa
- 2 češnja češnjaka, mljevena
- 1 žličica naribanog đumbira
- Posolite i popaprite po ukusu

UPUTE:
a) Zagrijte pećnicu na 325°F (163°C).
b) U zdjeli pomiješajte sok od ananasa, kečap, sojin umak, smeđi šećer, rižin ocat, mljeveni češnjak, naribani đumbir, sol i papar.
c) Stavite rešetke svinjskih rebara u veliku posudu za pečenje ili posudu za pečenje.
d) Rebarca prelijte marinadom pazeći da su premazana sa svih strana. Ostavite malo marinade za podlijevanje.
e) Posudu pokrijte aluminijskom folijom i stavite u prethodno zagrijanu pećnicu.
f) Pecite rebra oko 2 sata, ili dok ne omekšaju i dok se meso ne počne odvajati od kostiju.
g) Skinite foliju i prelijte rebarca ostavljenom marinadom.
h) Povećajte temperaturu pećnice na 400°F (200°C) i vratite rebarca u pećnicu nepokrivena.
i) Pecite još 15-20 minuta, odnosno dok se rebarca lijepo ne karameliziraju, a umak ne zgusne.
j) Izvadite iz pećnice i ostavite rebarca nekoliko minuta prije posluživanja.
k) Poslužite svinjska rebarca na havajskom roštilju kao tropsko i sočno glavno jelo.
l) Uživajte u nježnim i ukusnim rebarcima sa slatkom i ljutom glazurom za roštilj!

52. Karipski odrezak na žaru sa salsom od ananasa

SASTOJCI:
- 2 funte bočni odrezak
- 2 žlice začina karipski jerk
- 2 žlice biljnog ulja
- Posolite i popaprite po ukusu

SALSA OD ANANASA:
- 1 šalica ananasa narezanog na kockice
- ½ crvenog luka, sitno nasjeckanog
- ½ crvene paprike, sitno nasjeckane
- ½ jalapeno papričice, sjemenke i rebra uklonjene, sitno nasjeckane
- Sok od 1 limete
- 2 žlice nasjeckanog svježeg cilantra
- Posolite po ukusu

UPUTE:
a) Zagrijte roštilj ili grill tavu na srednje jaku temperaturu.
b) Natrljajte bočni odrezak karipskim začinima, biljnim uljem, soli i paprom.
c) Odrezak pecite na roštilju oko 4-6 minuta po strani ili dok ne postigne željenu razinu pečenosti. Ostavite da odstoji nekoliko minuta prije rezanja.
d) U međuvremenu pripremite salsu od ananasa tako što ćete u zdjeli pomiješati ananas narezan na kockice, sitno nasjeckani crveni luk, sitno nasjeckanu crvenu papriku, sitno nasjeckanu jalapeno papriku, sok limete, nasjeckani svježi cilantro i sol. Dobro izmiješajte da se sjedini.
e) Pečeni odrezak narežite na ploške i poslužite ga s velikom žlicom salse od ananasa na vrhu.
f) Poslužite karipski odrezak na žaru sa salsom od ananasa kao tropsko i aromatično glavno jelo.

TROPSKI DESERI

53. Tropsko voće pavlova

SASTOJCI:
- 4 velika bjelanjka sobne temperature
- 1 Prstohvat soli
- 225 grama šećera u prahu
- 2 žličice kukuruznog brašna
- 1 prstohvat kreme od tartara
- 1 žličica bijelog vinskog octa
- 4 kapi ekstrakta vanilije
- 2 Voće marakuje
- Zrelo tropsko voće poput manga; kivi, zvjezdasto voće i ogrozd
- 150 mililitara duple kreme
- 200 mililitara creme fraichea

UPUTE :

a) Zagrijte pećnicu na 150c/300f/plin 2.

b) Obložite lim za pečenje papirom za pečenje koji se ne lijepi i iscrtajte krug od 22 cm/9". Za meringue: Umutite bjelanjke i sol u velikoj, čistoj zdjeli dok se ne stvore čvrsti snijeg.

c) Umiješajte trećinu po trećinu šećera, dobro miješajući između svakog dodavanja dok smjesa ne postane čvrsta i vrlo sjajna. Pospite kukuruznim brašnom, kremom od tartara, octom i ekstraktom vanilije i lagano umiješajte.

d) Naslažite meringu na papir unutar kruga, pazeći da u sredini postoji velika udubina.

e) Stavite u pećnicu i odmah smanjite toplinu na 120c/250f/plin ¼ i pecite 1½-2 sata dok ne postane blijedo smeđe, ali malo mekano u sredini. Isključite pećnicu, ostavite vrata malo odškrinuta i ostavite da se potpuno ohladi.

f) Za nadjev: prepolovite marakuje i izvadite pulpu. Po potrebi ogulite i narežite odabrano voće.

g) Kremu stavite u zdjelu i umutite dok ne postane gusta, a zatim umiješajte creme fraiche. Odlijepite papir s pavlove i stavite je na tanjur.

h) Stavite smjesu vrhnja i rasporedite voće na vrh, završite s pulpom marakuje. Poslužite odmah.

54. Tropski margarita sorbet

SASTOJCI:

- 1 šalica šećera
- 1 šalica pirea od marakuje
- 1½ funte zrelog manga, oguljenog, bez koštica i narezanog na kockice
- Naribana korica 2 limete
- 2 žlice Blanco (bijele) tekile
- 1 žlica likera od naranče
- 1 žlica svijetlog kukuruznog sirupa
- ½ žličice košer soli

UPUTE:

a) U malom loncu pomiješajte šećer i pire od marakuje.
b) Pustite da lagano kuha na srednjoj vatri, miješajući da se otopi
c) šećer. Maknite s vatre i ostavite da se ohladi.
d) U blenderu pomiješajte smjesu marakuje, mango narezan na kockice, koricu limete, tekilu, liker od naranče, kukuruzni sirup i sol. Pasirajte dok ne postane glatko.
e) Ulijte smjesu u zdjelu, pokrijte i stavite u hladnjak dok se ne ohladi, najmanje 4 sata ili najviše preko noći.
f) Zamrznite i umutite u aparatu za sladoled prema uputama proizvođača.
g) Za meku konzistenciju (najbolje, po mom mišljenju), poslužite sorbet odmah; za čvršću konzistenciju prebacite u posudu, poklopite i ostavite u zamrzivaču 2 do 3 sata da se stvrdne.

55.Tropski sladoled od kokosa i ananasa

SASTOJCI:

- 1 jaje
- 50 grama šećera
- 250 ml kokosovog mlijeka
- 200 ml gustog vrhnja
- ½ cijelog ananasa Svježi ananas
- 1 rum

UPUTE:

a) Koristite svoju najveću zdjelu, jer ćete sve sastojke miješati u istoj zdjeli koju ćete koristiti za šlag.

b) Odvojite žumanjak i bjelanjak. Napravite čvrsti meringue od bjelanjaka i pola šećera. Drugu polovicu šećera sjediniti sa žumanjcima i miksati dok ne pobijeli.

c) Istucite čvrsto vrhnje dok se ne stvore lagano mekani vrhovi. Dodajte kokosovo mlijeko i lagano promiješajte.

d) Ananas nasjeckajte na sitno ili ga zgnječite mikserom u malo grublju pastu.

e) Pripreme su u ovom trenutku završene. Nema potrebe biti previše precizan. Sve pomiješajte u posudi s gustim vrhnjem i kokosovim mlijekom. Također, dodajte meringue i dobro promiješajte.

f) Ulijte u Tupperware kutiju i zamrznite do kraja. Ne morate ga miješati na pola puta.

g) Ako ananas sameljete u glatku pastu, rezultat će biti svilenkastiji i sličniji autentičnom gelatu.

h) Nakon što zagrabite gelato u posude za posluživanje, pokušajte ga preliti malom kapljicom ruma. Ima nevjerojatan okus, baš kao koktel piña colada.

56. Tropska sitnica

SASTOJCI:
- Tri limenke od 12 unci evaporiranog mlijeka
- 4 šalice punomasnog mlijeka
- 1 šalica plus 2 žlice šećera
- 6 Lagano umućenih žumanjaka
- 2 žlice slatkog šerija ili desertnog vina
- 1 žličica vanilije
- 1 šalica narezanih jagoda
- 12 kriški jednodnevne pogače ili 24
- Ladyfinger ili 36 makarona
- 3 manga, oguljena i narezana
- 5 kivija, oguljenih i narezanih
- 1 šalica prepolovljenog crvenog grožđa bez sjemenki

UPUTE:
a) Zagrijte mlijeko u loncu na laganoj vatri.
b) Dodajte 1 šalicu šećera i žumanjke, polako miksajući kako se jaja ne bi zgrudvala.
c) Nastavite kuhati uz stalno miješanje dok smjesa ne postane vrlo gusta.
d) Nemojte dopustiti da zavrije ili će se zgrušati. Dodajte šeri i vaniliju.
e) Maknite s vatre i ohladite. Pomiješajte bobičasto voće s 2 žlice šećera i ostavite sa strane.
f) Trifle posudu obložite kriškama kolača.
g) Kolač prelijte polovicom ohlađene kreme pa dodajte polovinu voća uključujući i bobičasto.
h) Dodajte još jedan sloj torte i prelijte preostalom kremom, a zatim voćem.
i) Ostavite u hladnjaku do vremena za posluživanje. Po želji pospite još sherryja po sitnici prije posluživanja.

57.Tropski rolani sladoled

SASTOJCI:
- Rolani sladoled od vanilije
- 1½ šalice odmrznutih smrznutih komadića manga
- Žuta prehrambena boja

PRELJEV
- Šlag od kokosa, odmrznut
- Svježi mango, nasjeckan
- Tostirani čips od kokosa

UPUTE:
a) Pripremite sladoled od vanilije prema uputama, osim što u blenderu pomiješate sastojke s 1-½ šalice odmrznutih smrznutih komadića manga i obojite ih žutom prehrambenom bojom.
b) Pokrijte i miješajte dok ne postane glatko.
c) Povrh smrznutih rolica stavite šlag od odmrznutog kokosa, nasjeckani mango i tostirani čips od kokosa.

58. Mousse od tropskog voća

SASTOJCI:
- 1 šalica nezaslađenog soka od ananasa
- 1 šalica svježeg organskog soka od bobičastog voća
- 1 šalica nezaslađenog vrhnja za šlag

UPUTE:
a) Zagrijte na jakoj vatri.
b) Smanjite vatru na srednju i uz stalno miješanje kuhajte 5 minuta dok se smjesa ne zgusne.
c) Maknite s vatre i potpuno ohladite.
d) U ohlađeni sok umiješajte šlag.
e) Žlicom razdijelite u 6 pojedinačnih posuda za posluživanje i ostavite u hladnjaku dok se ne ohladi.

59. Šerbet od tropskog voća

SASTOJCI:
- 2 šalice oguljenog i nasjeckanog zrelog tropskog voća
- 1 šalica šećernog sirupa
- 2 limete
- 1 šalica punomasnog mlijeka ili mlaćenice

UPUTE:

a) Napravite pire ili izblendajte tropsko voće, zatim protisnite kroz fino sito ako želite glatku teksturu.

b) Umutiti šećerni sirup, sitno naribanu koricu 1 limete i sok od obje te mlijeko.

c) Ulijte u posudu za zamrzavanje i zamrznite, koristeći metodu ručnog miješanja , razbijte dva ili tri puta tijekom zamrzavanja.

d) Zamrznite dok se ne stegne, a zatim zagrabite u prepolovljene male ljuske ananasa ili posude za posluživanje i pospite svježe naribanim muškatnim oraščićem.

e) Poslužite s malim tropskim voćem poput ličija, grožđa ili prženih komadića svježeg kokosa.

f) Ovaj sladoled može se zamrzavati do 1 mjeseca.

g) Izvadite iz zamrzivača 10 minuta prije posluživanja da omekša.

60. Mango kokos chia sladoled

SASTOJCI:
- 2 zrela manga, oguljena i bez koštica
- 1 šalica kokosovog mlijeka
- 2 žlice meda ili javorovog sirupa
- 2 žlice chia sjemenki

UPUTE:
a) U blenderu pomiješajte zreli mango, kokosovo mlijeko i med ili javorov sirup.
b) Miješajte dok ne postane glatko i kremasto.
c) Umiješajte chia sjemenke i ostavite smjesu 5 minuta da se chia sjemenke zgusnu.
d) Ulijte smjesu mango kokos chia u kalupe za sladoled.
e) Umetnite štapiće od sladoleda i zamrznite najmanje 4 sata ili dok se potpuno ne zamrzne.
f) Nakon što se zamrznu, izvadite sladoledne sladolede iz kalupa i uživajte u tropskim sladoledima od manga i kokosa, chia vrućeg dana!

61. Panna cotta od manga i kokosa

SASTOJCI:
- 1 šalica pirea od manga
- 1 šalica kokosovog mlijeka
- ¼ šalice šećera
- 1 žličica ekstrakta vanilije
- 2 žličice želatine u prahu
- 2 žlice vode

UPUTE:

a) U maloj zdjelici pospite želatinu vodom i ostavite da nabuja 5 minuta.

b) U loncu zagrijte pire od manga, kokosovo mlijeko, šećer i ekstrakt vanilije na srednjoj vatri dok ne počne kuhati.

c) Maknite s vatre i umiješajte nabujalu želatinu dok se potpuno ne otopi.

d) Ulijte smjesu u pojedinačne čaše za posluživanje ili ramekine.

e) Ostavite u hladnjaku najmanje 4 sata, ili dok se ne stegne.

f) Poslužite ohlađeno i ukrasite svježim kriškama manga ili naribanim kokosom.

62. Piña Colada kolačići

SASTOJCI:
- 1 ½ šalice višenamjenskog brašna
- 1 ½ žličice praška za pecivo
- ¼ žličice soli
- ½ šalice neslanog maslaca, omekšalog
- 1 šalica granuliranog šećera
- 2 velika jaja
- 1 žličica ekstrakta vanilije
- ½ šalice konzerviranog soka od ananasa
- ¼ šalice kokosovog mlijeka
- ¼ šalice naribanog kokosa

UPUTE:

a) Zagrijte pećnicu na 350°F (175°C) i obložite kalup za muffine podlozima za kolače.

b) U zdjeli pomiješajte brašno, prašak za pecivo i sol.

c) U zasebnoj velikoj zdjeli miksajte maslac i šećer dok ne postanu svijetli i pjenasti.

d) Umutite jaja, jedno po jedno, a zatim i ekstrakt vanilije.

e) Postupno dodajte suhe sastojke mokrim sastojcima, naizmjenično sa sokom od ananasa i kokosovim mlijekom.

f) Ubacite nasjeckani kokos.

g) Tijesto ravnomjerno rasporedite po podlozi za kolače.

h) Pecite 18-20 minuta ili dok čačkalica zabodena u sredinu ne izađe čista.

i) Izvadite iz pećnice i pustite da se cupcakesi potpuno ohlade.

j) Prelijte glazurom od kokosovog maslaca i ukrasite komadićima ananasa i nasjeckanim kokosom.

63. Pjena od marakuje

SASTOJCI:
- 1 šalica pulpe marakuje (procijeđene da se uklone sjemenke)
- 1 šalica gustog vrhnja
- ½ šalice zaslađenog kondenziranog mlijeka
- ½ žličice ekstrakta vanilije
- Svježe sjemenke marakuje za ukras (po želji)

UPUTE:
a) U zdjeli za miješanje umutite čvrsto vrhnje dok ne dobijete meke vrhove.
b) U zasebnoj zdjeli pomiješajte pulpu marakuje, zaslađeno kondenzirano mlijeko i ekstrakt vanilije. Dobro promiješajte.
c) Nježno umiješajte šlag u smjesu marakuje dok se dobro ne sjedini.
d) Ulijte smjesu u čaše za posluživanje ili ramekine.
e) Ostavite u hladnjaku najmanje 2 sata ili dok se ne stegne.
f) Prije posluživanja po želji ukrasite svježim sjemenkama marakuje.
g) Uživajte u laganim i tropskim okusima pjene od marakuje.

64. Mango ljepljiva riža

SASTOJCI:
- 1 šalica ljepljive riže (ljepljive riže)
- 1 šalica kokosovog mlijeka
- ½ šalice granuliranog šećera
- ¼ žličice soli
- 2 zrela manga, narezana na kriške
- Tostirane sjemenke sezama za ukras (po želji)

UPUTE:

a) Isperite ljepljivu rižu pod hladnom vodom dok voda ne postane bistra.

b) U loncu pomiješajte ispranu rižu, kokosovo mlijeko, šećer i sol.

c) Kuhajte smjesu na srednje niskoj vatri, često miješajući, dok riža ne upije tekućinu i postane ljepljiva i mekana (oko 20-25 minuta).

d) Maknite s vatre i ostavite da se malo ohladi.

e) Ljepljivu rižu s mangom poslužite tako da na tanjur ili zdjelu stavite brdo ljepljive riže i na vrh posložite narezani mango.

f) Pospite tostiranim sjemenkama sezama za dodatnu hrskavost i orašasti okus.

65.Kolač od sira od guave

SASTOJCI:
ZA KORE:
- 1 ½ šalice mrvica graham krekera
- 1/4 šalice otopljenog maslaca
- 2 žlice granuliranog šećera

ZA NADJEV:
- 24 unce (680 g) krem sira, omekšalog
- 1 šalica granuliranog šećera
- 3 velika jaja
- 1 žličica ekstrakta vanilije
- 1 šalica guave paste, otopljene i ohlađene

ZA PRELJEV OD GUAVE:
- 1 šalica pirea od guave ili soka od guave
- 1/4 šalice granuliranog šećera
- 1 žlica kukuruznog škroba
- 1 žlica vode

UPUTE:

a) Zagrijte pećnicu na 325°F (163°C). Podmažite kalup od 9 inča (23 cm) i ostavite sa strane.

b) U srednjoj zdjeli pomiješajte mrvice graham krekera, otopljeni maslac i granulirani šećer za koru. Dobro izmiješajte dok smjesa ne nalikuje mokrom pijesku.

c) Ravnomjerno utisnite smjesu mrvica na dno pripremljene posude s oprugama. Upotrijebite poleđinu žlice ili čaše s ravnim dnom kako biste ga čvrsto pritisnuli.

d) U velikoj zdjeli za miješanje izmiksajte krem sir i granulirani šećer dok ne postanu glatki i kremasti. Dodajte jaja, jedno po jedno, dobro tučeći nakon svakog dodavanja. Umiješajte ekstrakt vanilije.

e) Ulijte otopljenu i ohlađenu pastu od guave u smjesu od krem sira i tucite dok se dobro ne sjedini. Pazite da nema grudica.

f) Prelijte nadjev za tortu od sira preko kore u kalupu za pečenje. Zagladite vrh lopaticom.

g) Stavite kalup s oprugom na lim za pečenje kako biste uhvatili eventualno curenje tijekom pečenja. Pecite u prethodno zagrijanoj pećnici oko 55-60 minuta, ili dok se rubovi ne postave, a sredina ne postane lagano drhtava.

h) Izvadite kolač od sira iz pećnice i ostavite da se ohladi na sobnoj temperaturi. Zatim ga ostavite u hladnjaku najmanje 4 sata ili preko noći da se potpuno stegne.

i) Dok se kolač od sira hladi, pripremite preljev od guave. U loncu pomiješajte pire od guave ili sok od guave, granulirani šećer, kukuruzni škrob i vodu. Dobro promiješajte da se kukuruzni škrob otopi.

j) Stavite lonac na srednju vatru i kuhajte uz stalno miješanje dok se smjesa ne zgusne i lagano proključa. Maknite s vatre i ostavite da se ohladi.

k) Kada se kolač od sira potpuno ohladi i stegne, izvadite ga iz kalupa. Prelijte preljev od guave preko kolača od sira, ravnomjerno ga rasporedite.

l) Vratite kolač od sira u hladnjak na oko 1 sat da se preljev od guave stegne.

66. Torta od ananasa naopako

SASTOJCI:
ZA PRELJEV:
- ¼ šalice neslanog maslaca
- ⅔ šalice pakiranog smeđeg šećera
- 1 limenka (20 oz) kriški ananasa, ocijeđenih
- Maraschino višnje za ukras

ZA TORTU:
- 1 ½ šalice višenamjenskog brašna
- 2 žličice praška za pecivo
- ½ žličice soli
- ½ šalice neslanog maslaca, omekšalog
- 1 šalica granuliranog šećera
- 2 velika jaja
- 1 žličica ekstrakta vanilije
- ½ šalice soka od ananasa

UPUTE:

a)   Zagrijte pećnicu na 350°F (175°C) i namastite okrugli kalup za torte od 9 inča.
b)   U loncu na srednjoj vatri otopite maslac za preljev.
c)   Miješajte smeđi šećer dok se ne otopi i počne mjehurići.
d)   Smjesu ulijte u podmazan kalup za torte, ravnomjerno rasporedite.
e)   Posložite kriške ananasa na smjesu smeđeg šećera. U sredinu svake kriške ananasa stavite višnju maraskino.
f)   U zdjeli pomiješajte brašno, prašak za pecivo i sol za kolač.
g)   U zasebnoj velikoj zdjeli miksajte maslac i šećer dok ne postanu svijetli i pjenasti.
h)   Umutite jaja, jedno po jedno, a zatim i ekstrakt vanilije.
i)   Postupno dodajte suhe sastojke mokrim sastojcima, naizmjenično sa sokom od ananasa.
j)   Tijesto prelijte preko kriški ananasa u kalupu za tortu.
k)   Pecite 40-45 minuta ili dok čačkalica zabodena u sredinu ne izađe čista.
l)   Izvadite iz pećnice i ostavite kolač da se ohladi u kalupu 10 minuta.
m)   Preokrenite tortu na tanjur za posluživanje, pažljivo izvadite posudu.
n)   Tortu od ananasa okrenutu naopako poslužite toplu ili na sobnoj temperaturi, prelivenu karameliziranim preljevom od ananasa.

67.Kokos makaroni

SASTOJCI:
- 2 ⅔ šalice naribanog kokosa
- ⅔ šalice zaslađenog kondenziranog mlijeka
- 1 žličica ekstrakta vanilije

UPUTE:

a) Zagrijte pećnicu na 325°F (163°C) i obložite lim za pečenje papirom za pečenje.

b) U zdjeli pomiješajte naribani kokos, zaslađeno kondenzirano mlijeko i ekstrakt vanilije. Dobro izmiješajte dok se potpuno ne sjedini.

c) Koristeći žlicu ili lopaticu za kekse, ispustite zaobljene hrpe kokosove smjese na pripremljeni lim za pečenje, razmaknuvši ih oko 2 inča.

d) Pecite 15-18 minuta, ili dok rubovi ne porumene.

e) Izvadite iz pećnice i ostavite makarone da se ohlade na limu za pečenje nekoliko minuta.

f) Premjestite makarone na rešetku da se potpuno ohlade.

g) Po želji: ohlađene makarone prelijte otopljenom čokoladom za dodatnu slatkoću i okus.

h) Poslužite kokosove makarone kao divan tropski desert za žvakanje.

68. Sladoled od ananasa i kokosa

SASTOJCI:
- 2 šalice konzerviranog kokosovog mlijeka
- 1 šalica zgnječenog ananasa, ocijeđenog
- ½ šalice granuliranog šećera
- 1 žličica ekstrakta vanilije

UPUTE:
a) U blenderu ili procesoru hrane pomiješajte kokosovo mlijeko, zgnječeni ananas, šećer i ekstrakt vanilije. Miješajte dok ne postane glatko i dobro sjedinjeno.
b) Smjesu ulijte u aparat za sladoled i mutite prema uputama proizvođača.
c) Nakon što sladoled postane mekan za posluživanje, prebacite ga u posudu s poklopcem.
d) Zamrznite sladoled na nekoliko sati, ili dok se ne stegne.
e) Poslužite sladoled od ananasa i kokosa u zdjelicama ili kornetima i uživajte u tropskim okusima.

69. Puding od kokosove riže

SASTOJCI:
- 1 šalica jasmin riže
- 2 šalice vode
- 2 šalice kokosovog mlijeka
- ½ šalice granuliranog šećera
- ½ žličice soli
- ½ žličice ekstrakta vanilije
- Tostirane kokosove pahuljice za ukras (po želji)

UPUTE:

a) U loncu pomiješajte rižu s jasminom i vodu. Zakuhajte, zatim smanjite vatru na nisku, poklopite i kuhajte oko 15 minuta ili dok se riža ne skuha i voda ne upije.

b) U kuhanu rižu dodajte kokosovo mlijeko, granulirani šećer, sol i ekstrakt vanilije. Dobro promiješajte da se sjedini.

c) Smjesu kuhajte na srednje laganoj vatri uz povremeno miješanje 15-20 minuta ili dok riža ne upije kokosovo mlijeko i dok se puding ne zgusne.

d) Maknite s vatre i ostavite da se malo ohladi.

e) Puding od kokosove riže poslužite topao ili ohlađen.

f) Ukrasite prženim kokosovim pahuljicama za dodatnu teksturu i okus.

70.Tart od manga i kokosa

SASTOJCI:
ZA KORE:
- 1 ½ šalice mrvica graham krekera
- ¼ šalice granuliranog šećera
- ½ šalice neslanog maslaca, otopljenog

ZA NADJEV:
- 2 šalice zrelih komadića manga
- 1 šalica kokosovog mlijeka
- ½ šalice granuliranog šećera
- ¼ šalice kukuruznog škroba
- ¼ žličice soli
- ½ šalice naribanog kokosa
- Narezani mango za ukras (po želji)

UPUTE:

a) Zagrijte pećnicu na 350°F (175°C) i namastite kalup za tart od 9 inča.

b) U zdjeli pomiješajte mrvice graham krekera, granulirani šećer i otopljeni maslac za koru. Dobro promiješajte.

c) Pritisnite smjesu za koru na dno i stranice kalupa za tart, stvarajući ravnomjeran sloj.

d) Koru pecite 10 minuta pa izvadite iz rerne i ostavite da se ohladi.

e) U blenderu ili procesoru hrane izmiksajte komadiće manga dok ne postanu glatki.

f) U loncu pomiješajte kokosovo mlijeko, granulirani šećer, kukuruzni škrob i sol za nadjev.

g) Smjesu kuhajte na srednjoj vatri uz stalno miješanje dok se ne zgusne i ne zavrije.

h) Maknite s vatre i umiješajte izmiješani mango i nasjeckani kokos.

i) U pečenu koru izliti mango kokos fil.

j) Zagladite vrh lopaticom.

k) Pecite još 15-20 minuta, ili dok se nadjev ne stegne i rubovi ne porumene.

l) Izvadite iz pećnice i ostavite da se potpuno ohladi u tepsiji.

m) Kad se ohladi, ostavite u hladnjaku najmanje 2 sata da se ohladi i stegne.

n) Prije posluživanja po želji ukrasite narezanim mangom.

o) Narežite i poslužite tart od manga i kokosa kao tropski i kremasti desert.

71. Sorbet od papaje i limete

SASTOJCI:
- 2 šalice zrelih komadića papaje
- ½ šalice granuliranog šećera
- ¼ šalice vode
- Sok od 2 limete
- Korica limete za ukras (po želji)

UPUTE:
a) U blenderu ili procesoru hrane izmiksajte komadiće papaje dok ne postanu glatki.
b) U loncu pomiješajte granulirani šećer i vodu. Zagrijte na srednjoj vatri dok se šećer potpuno ne otopi, stvarajući jednostavan sirup.
c) Maknite s vatre i pustite da se jednostavni sirup ohladi na sobnu temperaturu.
d) U zdjeli pomiješajte izmiksanu papaju i sok od limete.
e) Umiješajte jednostavan sirup dok se dobro ne sjedini.
f) Smjesu ulijte u aparat za sladoled i mutite prema uputama proizvođača.
g) Prebacite sorbet u posudu s poklopcem i zamrznite na nekoliko sati ili dok se ne stegne.
h) Poslužite sorbet od papaje i limete u zdjelicama ili kornetima.
i) Ukrasite koricom limete za dodatni okus citrusa.

72. Puding od kokosa i banane

SASTOJCI:
- 3 velike zrele banane
- 1 limenka (13,5 oz) kokosovog mlijeka
- ½ šalice granuliranog šećera
- ¼ šalice kukuruznog škroba
- ¼ žličice soli
- 1 žličica ekstrakta vanilije
- ½ šalice naribanog kokosa za ukras (po želji)

UPUTE:
a) U blenderu ili procesoru hrane izmiksajte zrele banane dok ne postanu glatke.
b) U loncu pomiješajte kokosovo mlijeko, granulirani šećer, kukuruzni škrob i sol.
c) Smjesu kuhajte na srednjoj vatri uz stalno miješanje dok se ne zgusne i ne zavrije.
d) Maknite s vatre i umiješajte izmiksane banane i ekstrakt vanilije.
e) Ulijte kokos puding od banane u zdjelice za posluživanje ili ramekine.
f) Ostavite u hladnjaku najmanje 2 sata ili dok se ne ohladi i stegne.
g) Prije posluživanja po želji ukrasite naribanim kokosom.
h) Uživajte u kremastim i tropskim okusima kokos banana pudinga.

73. Ananas kokos crumble

SASTOJCI:
ZA NADJEV:
- 4 šalice svježih komadića ananasa
- ¼ šalice granuliranog šećera
- 2 žlice kukuruznog škroba
- 1 žlica svježeg soka od limuna

ZA CRUMBLE PRELJEV:
- 1 šalica višenamjenskog brašna
- ½ šalice granuliranog šećera
- ½ šalice neslanog maslaca, otopljenog
- ½ šalice naribanog kokosa

UPUTE:
a) Zagrijte pećnicu na 350°F (175°C) i namastite posudu za pečenje.
b) U zdjeli pomiješajte komadiće ananasa, granulirani šećer, kukuruzni škrob i limunov sok za nadjev. Dobro izmiješajte dok se ananas ne prekrije.
c) Nadjev od ananasa izlijte u namašćenu posudu za pečenje.
d) U zasebnoj zdjeli pomiješajte višenamjensko brašno, granulirani šećer, otopljeni maslac i naribani kokos za preljev od mrvica. Miksajte dok smjesa ne bude nalik na grube mrvice.
e) Preljev od mrvica ravnomjerno pospite po nadjevu od ananasa u posudi za pečenje.
f) Pecite 30-35 minuta ili dok preljev ne porumeni, a nadjev od ananasa ne postane mjehurić.
g) Izvadite iz pećnice i ostavite da se malo ohladi.
h) Ananas kokos crumble poslužite topao s kuglicom sladoleda od vanilije ili malo tučenog vrhnja za divan tropski desert.

TROPSKA PIĆA

74.Tropska voda

SASTOJCI:
- 1 svježa grančica metvice ili bosiljka
- 1 mandarina, oguljena
- ½ manga, oguljenog i narezanog na kockice
- Filtrirana voda

UPUTE:
a) Stavite metvicu, mandarinu i mango u stakleni vrč.
b) Napunite ga filtriranom vodom.
c) Ostavite 2 sata u hladnjaku.
d) Ulijte u čaše za posluživanje.

75. Tropski raj

SASTOJCI:
- 1 kivi, oguljen i nasjeckan
- 1 mahuna vanilije, razrezana po dužini
- ½ manga, narezanog na kockice

UPUTE:
a) Stavite mango, kivi i mahune vanilije u vrč od 64 unce.
b) Stavite u filtriranu vodu ili kokosovu vodu.
c) Ohladite prije posluživanja.

76.Tropski ledeni čaj

SASTOJCI:
- 1 šalica svježeg soka od naranče
- 1 šalica ananasa
- ½ šalice agavinog sirupa
- 12 šalica kipuće vode
- 12 vrećica čaja
- 3 šalice sode od limuna

UPUTE:
a) Stavite kipuću vodu i vrećice čaja u čajnik;
b) Ostavite da se strmi.
c) Stavite u hladnjak dok se ne ohladi.
d) Stavite sok od ananasa i naranče u blender.
e) Pasirajte dok smjesa ne postane jednolična i glatka.
f) Stavite pire od ananasa u vrč.
g) umiješajte sirup od agave i sodu limuna.
h) Promiješajte i poslužite ohlađeno.

77. Začinjeni tropski zeleni smoothie

SASTOJCI:
- 2 šalice čvrsto zbijenih listova špinata
- 1 šalica smrznutih komadića ananasa
- 1 šalica smrznutih komadića manga
- 1 manja mandarina, oguljena i bez koštica, ili sok od 1 limete
- 1 šalica kokosove vode
- ¼ žličice kajenskog papra (po želji)

UPUTE:
a) Pomiješajte sve sastojke u blenderu i miksajte na visokoj razini dok smjesa ne postane glatka.
b) Uživajte u hladnom.

78.Smoothie od tropske mandarine

SASTOJCI:
- 2 mandarine oguljene i izrezane na segmente
- ½ šalice ananasa
- 1 smrznuta banana

UPUTE:
a) Pomiješajte s ½ do 1 šalice tekućine.
b) Uživati

79.Smoothie od tropske kvinoje

SASTOJCI:
- ¼ šalice kuhane kvinoje
- ¼ šalice svijetlog kokosovog mlijeka
- ⅓ šalice smrznutih komadića manga
- ⅓ šalice smrznutih komadića ananasa
- ½ smrznute banane
- 1 žlica nezaslađenog naribanog kokosa
- 1 žlica kokosovog šećera, po ukusu
- ½ žličice vanilije

UPUTE:
a) Pomiješajte sve sastojke u blenderu dok ne postane glatko.
b) Gustoću prilagodite ukusu dodavanjem više mlijeka za rjeđi smoothie, a leda ili malo jogurta za gušći smoothie.
c) Uživati!

80.Tropicala

SASTOJCI:
- ½ šalice ananasa
- ½ srednje pupčane naranče oguljene
- 10 badema
- ¼ šalice kokosovog mlijeka
- Jedna kriška svježeg đumbira od ¼ inča
- 1 žlica svježeg soka od limuna
- ¼ žličice mljevene kurkume ili jedna svježa kriška od ¼ inča
- 4 kocke leda

UPUTE:

a) Pomiješajte sve sastojke u blenderu i pasirajte dok ne dobijete glatku smjesu.

81. Pina Colada

SASTOJCI:
- 2 unce ruma
- 2 unce soka od ananasa
- 2 unce kokosovog vrhnja
- Kriška ananasa i višnje za ukras

UPUTE:
a) Napunite shaker kockicama leda.
b) U shaker dodajte rum, sok od ananasa i vrhnje od kokosa.
c) Dobro protresi.
d) Procijedite smjesu u čašu napunjenu ledom.
e) Ukrasite kriškom ananasa i trešnjom.
f) Poslužite i uživajte!

82. Daiquiri od jagoda

SASTOJCI:
- 2 unce ruma
- 1 unca soka od limete
- 1 unca jednostavnog sirupa
- 4-5 svježih jagoda
- Kocke leda
- Jagoda za ukras

UPUTE:

a) U blenderu pomiješajte rum, sok od limete, jednostavni sirup, svježe jagode i kockice leda.
b) Miješajte dok ne postane glatko i kremasto.
c) Ulijte smjesu u čašu.
d) Ukrasite jagodom.
e) Poslužite i uživajte!

83.Tropska Margarita

SASTOJCI:
- 2 unce tekile
- 1 unca soka od limete
- 1 unca soka od naranče
- 1 unca soka od ananasa
- ½ unce jednostavnog sirupa
- kriška limete i sol za obrub (po izboru)

UPUTE:

a) Po želji obrubite čašu solju trljajući krišku limete oko ruba i umočivši je u sol.

b) Napunite shaker kockicama leda.

c) U shaker dodajte tekilu, sok od limete, sok od naranče, sok od ananasa i jednostavan sirup.

d) Dobro protresi.

e) Procijedite smjesu u pripremljenu čašu napunjenu ledom.

f) Ukrasite kriškom limete.

g) Poslužite i uživajte!

84.Plavi havajski mocktail

SASTOJCI:
- 2 unce blue curaçao sirupa
- 2 unce soka od ananasa
- 1 unca kokosovog vrhnja
- Kriška ananasa i trešnja za ukras

UPUTE:
a)   Napunite shaker kockicama leda.
b)   Dodajte blue curaçao sirup, sok od ananasa i vrhnje od kokosa u shaker.
c)   Dobro protresi.
d)   Procijedite smjesu u čašu napunjenu ledom.
e)   Ukrasite kriškom ananasa i trešnjom.
f)   Poslužite i uživajte u ovom živopisnom bezalkoholnom tropskom piću!

85.Mango Mojito Mocktail

SASTOJCI:
- 1 zreli mango, oguljen i narezan na kockice
- 1 unca soka od limete
- 1 unca jednostavnog sirupa
- 6-8 listova svježe metvice
- Soda voda
- Kriška manga i grančica mente za ukras

UPUTE:

a) U čaši pomiješajte kockice manga sa sokom limete i jednostavnim sirupom.
b) Dodajte kockice leda i natrgane listiće mente.
c) Prelijte soda vodom.
d) Lagano promiješajte.
e) Ukrasite kriškom manga i grančicom mente.
f) Poslužite i uživajte u ovom osvježavajućem mocktailu!

86. Limeta od kokosa

SASTOJCI:
- 1 šalica kokosove vode
- ¼ šalice soka od limete
- 2 žlice jednostavnog sirupa
- Kriške limete i listići mente za ukras

UPUTE:

a) U vrču pomiješajte kokosovu vodu, sok od limete i jednostavan sirup.
b) Dobro promiješajte da se sjedini.
c) Dodajte kockice leda u čaše za posluživanje.
d) Prelijte kokosovu limunadu preko leda u svaku čašu.
e) Ukrasite kriškama limete i listićima mente.
f) Lagano promiješajte prije posluživanja.
g) Uživajte u osvježavajućim i pikantnim okusima ovog tropskog moktela od limete!

87.Tropska sangrija

SASTOJCI:
- 1 boca bijelog vina
- 1 šalica soka od ananasa
- ½ šalice soka od naranče
- ¼ šalice ruma
- 2 žlice jednostavnog sirupa
- Razno tropsko voće
- Klub soda (po izboru)
- Listići mente za ukrašavanje

UPUTE:
a) U velikom vrču pomiješajte bijelo vino, sok od ananasa, sok od naranče, rum i jednostavan sirup.
b) Dobro promiješajte da se sjedini.
c) Dodajte narezano tropsko voće u vrč.
d) Stavite u hladnjak na najmanje 1 sat kako bi se okusi stopili.
e) Za posluživanje ulijte tropsku sangriju u čaše napunjene ledom.
f) Ako želite, prelijte gaziranim sokom za pjenjenje.
g) Ukrasite listićima mente.
h) Pijuckajte i uživajte u voćnoj i osvježavajućoj tropskoj sangriji!

88. Hladnjak za lubenicu i limetu

SASTOJCI:
- 2 šalice svježe lubenice, narezane na kockice
- Sok od 2 limete
- 2 žlice meda
- 1 šalica gazirane vode
- Kriške lubenice i grančice mente za ukras

UPUTE:
a) U blenderu izmiksajte svježu lubenicu dok ne postane glatka.
b) Procijedite sok od lubenice u vrč kako biste uklonili svu pulpu.
c) Dodajte sok limete i med u vrč.
d) Dobro promiješajte da se med otopi.
e) Neposredno prije posluživanja dodajte gaziranu vodu u vrč i lagano promiješajte.
f) Ulijte hladnjak s limetom od lubenice u čaše napunjene ledom.
g) Ukrasite kriškama lubenice i grančicama mente.
h) Pijuckajte i uživajte u ovom osvježavajućem i hidratantnom tropskom hladnjaku!

89.Mango zeleni čaj

SASTOJCI:
- 2 šalice kuhanog zelenog čaja, ohlađenog
- 1 šalica zrelih komadića manga
- 1 žlica meda (po želji)
- Kocke leda
- Kriške manga za ukras

UPUTE:
a) U blenderu izmiksajte komadiće zrelog manga dok ne postanu glatki.
b) U vrču pomiješajte skuhani zeleni čaj i pire od manga.
c) Dobro promiješajte da se sjedini.
d) Po želji dodajte med da zasladite čaj.
e) Napunite čaše za posluživanje kockicama leda.
f) Ulijte zeleni čaj od manga preko leda u svaku čašu.
g) Ukrasite kriškama manga.
h) Lagano promiješajte prije posluživanja.
i) Uživajte u tropskim okusima ovog osvježavajućeg zelenog čaja od manga!

90. Tropski punč

SASTOJCI:
- 2 šalice soka od ananasa
- 1 šalica soka od naranče
- ½ šalice soka od brusnice
- ¼ šalice soka od limete
- 2 šalice piva od đumbira
- Kriške ananasa i kriške naranče za ukras

UPUTE:
a) U vrču pomiješajte sok od ananasa, sok od naranče, sok od brusnice i sok od limete.
b) Dobro promiješajte da se sjedini.
c) Neposredno prije posluživanja dodajte pivo od đumbira u vrč i lagano promiješajte.
d) Napunite čaše za posluživanje kockicama leda.
e) Ulijte tropski punč preko leda u svaku čašu.
f) Ukrasite ploškama ananasa i ploškama naranče.
g) Lagano promiješajte prije posluživanja.
h) Uživajte u voćnim i tropskim okusima ovog osvježavajućeg punča!

91. Ledeni čaj od hibiskusa

SASTOJCI:
- 4 šalice vode
- 4 vrećice čaja od hibiskusa
- ¼ šalice meda ili šećera (po želji)
- Kriške limuna i listići mente za ukras

UPUTE:
a) U loncu zakuhajte vodu.
b) Maknite s vatre i dodajte vrećice čaja od hibiskusa.
c) Ostavite čaj da se strmi 10-15 minuta.
d) Izvadite vrećice čaja i umiješajte med ili šećer dok se ne otopi.
e) Ostavite čaj da se ohladi na sobnoj temperaturi, a zatim ga stavite u hladnjak dok se ne ohladi.
f) Napunite čaše za posluživanje kockicama leda.
g) Prelijte ledeni čaj od hibiskusa preko leda u svaku čašu.
h) Ukrasite kriškama limuna i listićima mente.
i) Lagano promiješajte prije posluživanja.
j) Pijuckajte i uživajte u živopisnom i osvježavajućem čaju od hibiskusa!

92. Tropska ledena kava

SASTOJCI:
- 1 šalica kuhane kave, ohlađene
- ½ šalice kokosovog mlijeka
- ¼ šalice soka od ananasa
- 1 žlica meda ili šećera (po želji)
- Kocke leda

UPUTE:
a) U čaši pomiješajte ohlađenu kuhanu kavu, kokosovo mlijeko, sok od ananasa i med ili šećer.
b) Dobro promiješajte da se sladilo pomiješa i otopi.
c) Napunite zasebnu čašu kockicama leda.
d) Prelijte tropsku ledenu kavu preko leda.
e) Lagano promiješajte prije posluživanja.
f) Uživajte u tropskom štihu klasične ledene kave!

TROPSKI ZAČINI

93.Salsa od ananasa i papaje

SASTOJCI:
- 2 šalice nasjeckanog svježeg ananasa
- 1 zrela papaja, oguljena, bez sjemenki i narezana na kockice od 1/4 inča
- 1/2 šalice nasjeckanog crvenog luka
- 1/4 šalice nasjeckanog svježeg cilantra ili peršina
- 2 žlice svježeg soka od limete
- 1 žličica jabukovače octa
- 2 žličice šećera
- 1/4 žličice soli
- 1 mali ljuti crveni čili, očišćen od sjemenki i samljeven

UPUTE:
a) U staklenoj zdjeli pomiješajte sve sastojke, dobro promiješajte, poklopite i ostavite na sobnoj temperaturi 30 minuta prije posluživanja ili u hladnjaku do upotrebe.
b) Ova salsa je najboljeg okusa ako se koristi istog dana kada je napravljena, ali pravilno skladištena, trajat će do 2 dana.

94. Salsa od manga

SASTOJCI:
- 2 zrela manga, narezana na kockice
- ½ šalice crvene paprike narezane na kockice
- ¼ šalice crvenog luka nasjeckanog na kockice
- 1 jalapeno papričica, bez sjemenki i sitno nasjeckana
- Sok od 1 limete
- 2 žlice nasjeckanog svježeg cilantra
- Posolite i popaprite po ukusu

UPUTE:
a) U zdjeli pomiješajte mango narezan na kockice, crvenu papriku, crveni luk, jalapeno papar, sok limete i cilantro.
b) Dobro izmiješajte i začinite solju i paprom.
c) Poslužite uz tortilja čips ili kao preljev za pečenu piletinu ili ribu.
d) Uživajte u osvježavajućoj i pikantnoj salsi od manga!

95.Chutney od kokosa i cilantra

SASTOJCI:
- 1 šalica svježeg lišća cilantra
- ½ šalice naribanog kokosa
- 1 zeleni čili, bez sjemenki i nasjeckan
- 2 žlice soka od limuna
- 1 žlica pečenog chana dala (sjeckanog slanutka)
- 1 žlica ribanog kokosa (po želji)
- Posolite po ukusu

UPUTE:
a) U blenderu ili procesoru hrane pomiješajte listove cilantra, naribani kokos, zeleni čili, limunov sok, pečeni chana dal, ribani kokos (ako koristite) i sol.
b) Miješajte dok ne dobijete glatku i kremastu konzistenciju.
c) Prilagodite sol i sok od limuna prema svom ukusu.
d) Prebacite u zdjelu za posluživanje i ostavite u hladnjaku do upotrebe.
e) Poslužite kao umak za samose, dose ili kao namaz za sendviče.

96. Tamarind Chutney

SASTOJCI:
- 1 šalica pulpe tamarinda
- 1 šalica jaggery ili smeđeg šećera
- 1 žličica kumina u prahu
- 1 žličica mljevenog đumbira
- ½ žličice crvenog čilija u prahu
- Posolite po ukusu

UPUTE:

a) U loncu pomiješajte pulpu tamarinde, jaggery ili smeđi šećer, kumin u prahu, mljeveni đumbir, crveni čili u prahu i sol.

b) Dodajte 1 šalicu vode i zakuhajte smjesu.

c) Smanjite vatru i pustite da lagano kuha oko 15-20 minuta uz povremeno miješanje dok se chutney ne zgusne.

d) Maknite s vatre i ostavite da se potpuno ohladi.

e) Kad se ohladi, prebacite u staklenku i čuvajte u hladnjaku.

f) Koristite kao umak za umakanje samosa i pakora ili kao začin za chaat jela.

97. Maslac od marakuje

SASTOJCI:
- 1 šalica neslanog maslaca, omekšalog
- ¼ šalice pulpe marakuje
- 2 žlice šećera u prahu
- 1 žličica ekstrakta vanilije

UPUTE:

a) U zdjeli za miješanje pomiješajte omekšali maslac, pulpu marakuje, šećer u prahu i ekstrakt vanilije.

b) Koristite električni mikser ili pjenjaču za miješanje sastojaka dok se dobro ne sjedine i postanu glatki.

c) Prebacite maslac od marakuje u staklenku ili hermetički zatvorenu posudu.

d) Stavite u hladnjak na najmanje 1 sat kako bi se okusi stopili.

e) Namažite maslac od marakuje na tost ili palačinke ili ga koristite kao preljev za deserte.

98.Preljev za sjemenke papaje

SASTOJCI:
- ¼ šalice sjemenki papaje
- ¼ šalice maslinovog ulja
- 2 žlice bijelog vinskog octa
- 1 žlica meda
- 1 žličica Dijon senfa
- Posolite i popaprite po ukusu

UPUTE:
a) U blenderu ili procesoru hrane pomiješajte sjemenke papaje, maslinovo ulje, bijeli vinski ocat, med, dijon senf, sol i papar.
b) Miješajte dok preljev ne postane gladak i dok se sjemenke papaje dobro ne sjedine.
c) Kušajte i po potrebi prilagodite začine.
d) Prebacite preljev od sjemenki papaje u bocu ili staklenku s poklopcem koji čvrsto prianja.
e) Dobro protresti prije upotrebe.
f) Preljevom prelijte salate ili ga koristite kao marinadu za meso ili povrće s roštilja.

99.Guava BBQ umak

SASTOJCI:
- 1 šalica paste od guave
- ½ šalice kečapa
- 2 žlice soja umaka
- 2 žlice jabučnog octa
- 1 žlica smeđeg šećera
- 1 žlica Worcestershire umaka
- 1 žličica dimljene paprike
- ½ žličice češnjaka u prahu
- Posolite i popaprite po ukusu

UPUTE:
a) U loncu pomiješajte pastu od guave, kečap, sojin umak, jabučni ocat, smeđi šećer, Worcestershire umak, dimljenu papriku, češnjak u prahu, sol i papar.
b) Kuhajte na laganoj vatri uz stalno miješanje dok se guava pasta ne rastopi i umak zgusne.
c) Kušajte i po potrebi prilagodite začine.
d) Maknite s vatre i pustite da se guava BBQ umak ohladi.
e) Prebacite u staklenku ili bocu i stavite u hladnjak do upotrebe.
f) Koristite umak kao glazuru za piletinu na žaru ili rebarca ili kao umak za umakanje mesnih okruglica ili ražnjića.

100.Mango Habanero umak

SASTOJCI:

- 2 zrela manga, oguljena i nasjeckana
- 2 habanero paprike, očišćene od sjemenki i nasjeckane
- ¼ šalice bijelog octa
- 2 žlice soka od limete
- 2 žlice meda
- 1 žličica češnjaka u prahu
- Posolite po ukusu

UPUTE:

a) U blenderu ili procesoru hrane pomiješajte nasjeckani mango, habanero papričice, bijeli ocat, sok limete, med, češnjak u prahu i sol.
b) Miješajte dok ne postignete glatku konzistenciju umaka.
c) Prebacite smjesu u lonac i pustite da lagano kuha na srednjoj vatri.
d) Smanjite vatru i pustite da kuha oko 10-15 minuta uz povremeno miješanje.
e) Maknite s vatre i pustite da se umak potpuno ohladi.
f) Prebacite mango habanero umak u staklenku ili bocu s čvrstim poklopcem.
g) Stavite u hladnjak do upotrebe.
h) Koristite umak kao začin za meso s roštilja i sendviče ili kao umak za umakanje proljetnih rolica ili pilećih krilaca.

ZAKLJUČAK

Dok završavamo naše putovanje kroz "Pravo slavlje tropske kuhinje", nadamo se da ste iskusili radost i živost koju tropska kuhinja donosi na stol. Svaki recept na ovim stranicama slavljenje je suncem okupanih okusa, egzotičnih sastojaka i blagdanskog duha koji definiraju tropsko kulinarsko iskustvo.

Bilo da ste uživali u osvježavajućim napitcima na bazi kokosa, uživali u aromatičnim začinima jela nadahnutih Karibima ili uživali u slatkoći deserata od tropskog voća, vjerujemo da je ovih 100 prekrasnih recepata donijelo okus raja u vašu kuhinju. Osim sastojaka i tehnika, neka bit tropskog slavlja ostane u vašim obrocima, dodajući dašak radosti vašim kulinarskim pothvatima.

Dok nastavljate istraživati bogatu tapiseriju tropske kuhinje, neka vas ova kuharica nadahne da svoja jela prožmete živopisnom energijom i okusima sunčanih obala. Evo vrhunske proslave tropske kuhinje, gdje je svako jelo kulinarski bijeg u raj. Živjeli što donosimo toplinu i užitak tropa na vaš stol!

www.ingramcontent.com/pod-product-compliance
Lightning Source LLC
Chambersburg PA
CBHW071856110526
44591CB00011B/1430